尼子持久

尼子氏は近江の佐々木氏の流れで、出雲の月山《がっさん》富田《とだ》城（島根県安来市広瀬町）を本拠とし、十六世紀の初め頃、山陰、山陽二道に覇《は》を唱えた、初期戦国大名の代表的存在である。

佐々木氏は京極と六角の二系統に分かれるが、尼子は京極の支流である。そもそも尼子氏は、バサラ大名で有名な京極道誉の孫高久が、近江犬上《いぬかみ》郡尼子《あまご》郷（滋賀県甲良《こうら》町）を与えられてその地に住み、在地名を名乗って尼子と称したのに始まる。その子持久は伯父である守護京極高詮《たかのり》の代官として出雲に下り、富田城に拠《よ》って出雲尼子の祖となったという。もっともこのことは『陰徳記』のような近世軍記物語にだけ書かれていて、古文書など確かな史料には見出せない。

尼子の名が出雲の確実な史料に現れるのは、永享十一年（一四三九）十一月の日御碕神社文書で、そのなかに尼子四郎左衛門尉なる人物が見える。持久が出雲守護代として下向したといわれる明徳三年（一三九二）から、実に四十七年後のことである。この尼子四郎左衛門尉は守護代のように思われる。彼を持久に比定する証拠は今のところ見当らないが、明徳の乱後、隠岐氏や宇賀野氏が守護代だった証跡があるので、持久が守護代として出雲に下向したとしても、乱後かなり経ってからであろう。

尼子《あまご》氏とは

「幻の戦国大名」といわれる尼子氏は、
どのようにして、富田城の主となったのか。
また、どのようにして、中国の覇者となったのか。
そのルーツ、発展、終焉の歴史を探る。

尼子清貞

出雲における尼子の歴史は、持久の子清貞の後半からようやく明るみに出てくる。清貞がいつ家督を継いだのか判らないが、応仁の乱勃発のころはすでに彼の後半期に入っていた。大乱中、清貞は富田城にいて、京極氏の忠実な守護代でありつつ、他方で、出雲東部の国人層をおさえ、美保関《みほのせき》での関銭徴収を委託され、しだいに経済力をつけて勢力を増大させていった。

尼子経久

清貞の嫡子経久が父から家督を譲られ、守護代になったのは文明十年（一四七八）ごろである。彼は応仁の乱後の混乱期、明らかに守護権力を排除して、戦国大名への道を歩もうとした。たとえば、幕府御料所美保関の関銭徴収を怠り、社寺領を押領し、あるいは守護段銭の徴収を拒否したのである。たまりかねた守護京極政経は、文明十六年（一四八四）、幕命を引き出して経久追伐の命令を近隣国人に発した。多くの国人衆がこれに応じたため、経久は守護代を剥奪され、富田城を追放された。

経久が雌伏《しふく》一年余の後、文明十八年（一四八六）元旦、わずかの手勢をひきいて富田城を奪回したという話は、『雲陽軍実記』等の軍記物語によって、人口に膾炙《かいしゃ》しているが、現在の研究では、そのようなドラマティックな奪回劇を否定する見方が強い。しかし、いったん追われた経久が、文明十八年、再び富田城に帰還したことは信じてよいと思われる。守護京極政経父子は、この年の七月、出雲から上洛しているが、これを経久による守護追放と解するか、後事を経久に託し安心して上洛したとするか、意見の分かれるところである。

　いずれにせよ、経久は以後国人層の制圧につとめ、十六世紀の初めごろ、だいたい出雲国内の統一を完了すると、一気に因、伯および芸、備方面に進出し、大内義興が上京して不在の虚をついて急速に勢力を拡大し、軍記物語に「十一州の太守」と記されるほどになった。このような短期間における成長は、もちろん経久個人の才覚にもよるが、客観的には美保関の関銭、奥出雲の砂鉄、石見銀山などを手中にすることによって、経済力を増大させたからである。又、義興不在の間に、大内支配から脱却しようとする国人層が、経久に接近したためでもあった。だが、そのことは逆にいえば、毛利氏のように簡単に離反することもできたのであり、これが尼子権力の大きな弱点であった。

　経久には三人の男子がいたが、嫡子政久は若くして討死し、三男塩冶興久《えんやおきひさ》は父に叛《そむ》いて自殺した。二男国久は新宮党という武力集団を組織して、尼子軍の有力な一翼を担ったが、大将としての器量に欠け、甥の惣領晴久と対立した。この点、三本の矢に象徴される毛利一族の団結とは異っていた。

尼子経久公画像（広瀬・洞光寺蔵）

富田落城

　尼子晴久は天文二十三年（一五五四）、毛利元就の謀略にのせられて新宮党を全滅させ、自ら軍事力を喪失して、以後急速に衰退する。晴久の死んだ二年後、すなわち永禄五年（一五六二）、毛利軍が大挙出雲に進攻し、富田城を包囲した。尼子義久を大将とする尼子軍は、籠城してよく耐えたが、遂に永禄九年（一五六六）十一月二十一日降伏し、富田城は落城、ここに尼子氏は滅亡した。大将義久、弟倫久《ともひさ》、秀久の尼子三兄弟は、安芸長田（広島県安芸高田市）の円明寺に幽閉されたが、関ヶ原合戦で毛利氏が防長二国に削封《さくほう》されると、尼子兄弟も長門に移住し、阿武郡奈古《なご》（山口県阿武町）において、兄弟合わせて一二九二石余を給され、毛利の家臣となった。

　義久には子がなかったので、弟倫久の子九一郎を養子とし久佐《くざ》元知と称させ、その養子就易《なりやす》のとき佐々木姓に復した。以後、幕末まで毛利の客分として優遇された。

　一方、三兄弟と別に、山中鹿介らによる尼子再興の戦いが展開されたが、成功しなかった。

尼子・毛利系図と尼子・吉川・毛利相関図

【尼子氏系図】

（佐々木）定綱 ―（略）― （京極）氏信 ―（略）― （道誉）高氏 ― 高秀

高秀の子
- （京極）高詮
- 秀満
- （尼子祖）高久　近江国甲良庄尼子郷住
- （宍道）秀益

高久の子
- （江州尼子）詮久
- （雲州尼子）持久　四郎左衛門尉か　上野介　刑部少輔　出雲守護代　祥雲寺殿

持久の子
- 清貞（定）　刑部少輔　在出雲富田城　無塵全賀庵主　洞光寺殿華山常金大居士　文明九頃没か
  - ＝女　真木上野介女
- （山中）幸久……満幸
  - 幸高
  - 幸盛
  - 女子二人

清貞の子
- 経久　又四郎　民部少輔　伊予守　興国院殿月叟省心大居士　天文十・十一・十三（84）
  - ＝女　吉川駿河守経基の女
- 久幸（義勝とも）　或は経久弟源四郎子　下野守　於安芸吉田討死　天文十・正・十三

経久の子
- 政久　又四郎　民部少輔　不白院殿花屋常栄居士　於出雲阿用討死　永正十（十五）・九・六（26？）
  - ＝女　山名兵庫頭或は山内兵庫介女
- 千代童子　早世

政久の子
- 晴久　初め詮久　三郎四郎　民部少輔　修理大夫　相伴衆　出雲・隠岐・伯耆・因幡・美作・備前・備中・備後八国守護　従五位下　天威心勢居士　永禄三・十二・二十四（47）　異説有り
  - ＝尼子国久女

晴久の子
- 千歳　早世
- 義久　長童子　三郎四郎　右衛門督　永禄九・十一・二十八　富田下城　法名友林　大覚寺殿　大円心覚大居士　於長門阿武郡奈古没　慶長十五・八・二十八（71）
  - 元知　尼子九一郎　久佐将監
- 倫久　千童子　九郎四郎　九郎兵衛尉
  - ＝法名……
  - 元知（→義久養子）

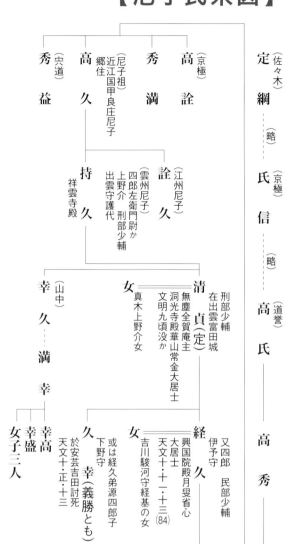

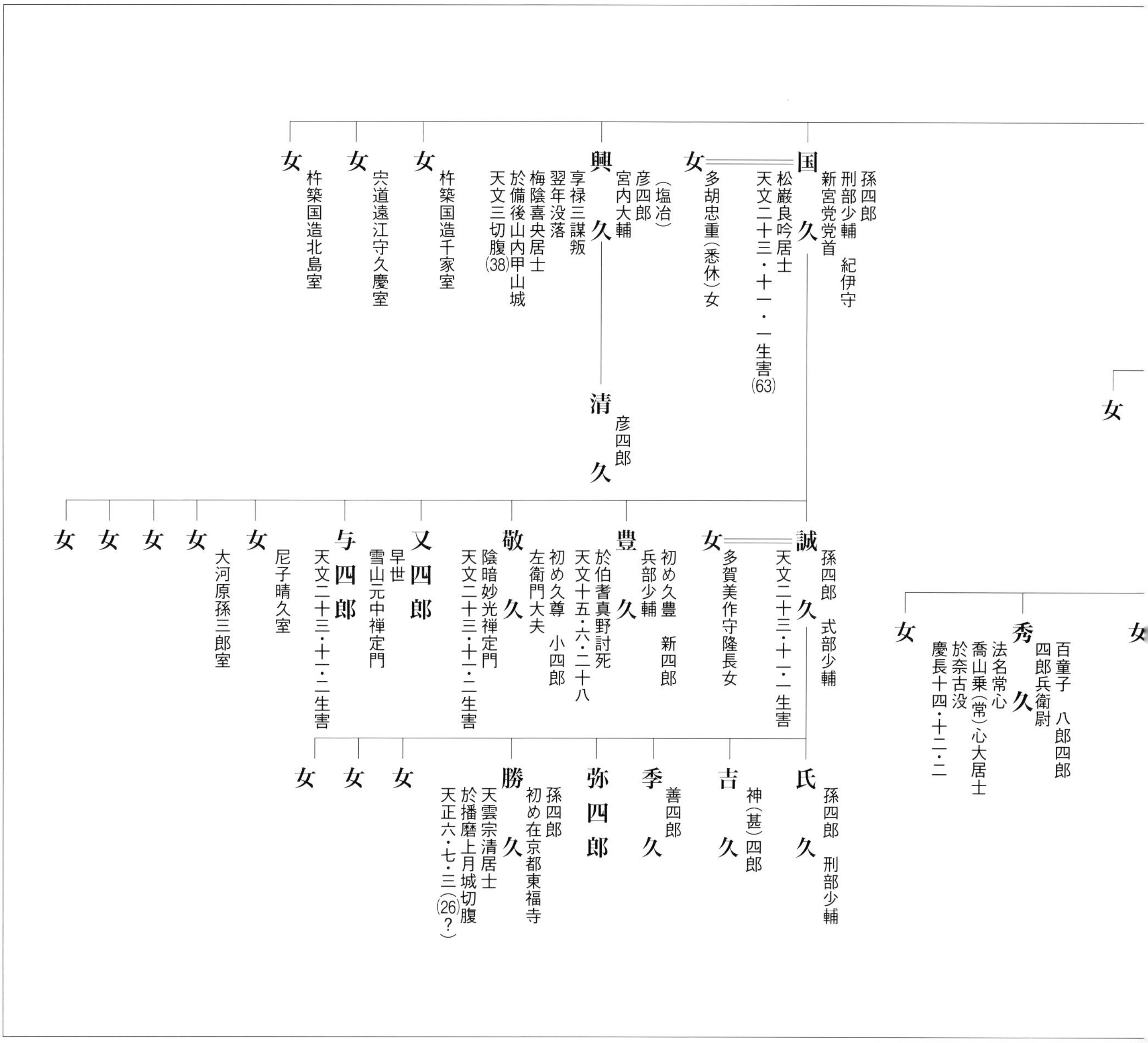

国久 孫四郎 刑部少輔 紀伊守 新宮党党首 松巌良吟居士 天文二十三・十一・一生害(63)
女 多胡忠重(悉休)女
興久 彦四郎 宮内大輔 (塩冶) 享禄三謀叛 翌年没落 梅隠喜央居士 於備後山内甲山城 天文三切腹(38)
清久 彦四郎
女 杵築国造千家室
女 宍道遠江守久慶室
女 杵築国造北島室
誠久 孫四郎 式部少輔 天文二十三・十一・一生害
女 多賀美作守隆長女
豊久 初め久豊 新四郎 兵部少輔 於伯耆真野討死 天文十五・六・二十八
敬久 初め久尊 小四郎 左衛門大夫 陰暗妙光禅定門 天文二十三・十一・二生害
又四郎 早世 雪山元中禅定門
与四郎 天文二十三・十一・二生害
女 尼子晴久室
女 大河原孫三郎室
女
女
女
女
氏久 孫四郎 刑部少輔
吉久 神(甚)四郎
季久 善四郎
弥四郎
勝久 孫四郎 初め在京都東福寺 天雲宗清居士 於播磨上月城切腹 天正六・七・三(26?)
女
女
女
女
秀久 百童子 八郎四郎 四郎兵衛尉 法名常心 喬山乗(常)心大居士 於奈古没 慶長十四・十二・二
女
女

【尼子・吉川・毛利相関図】

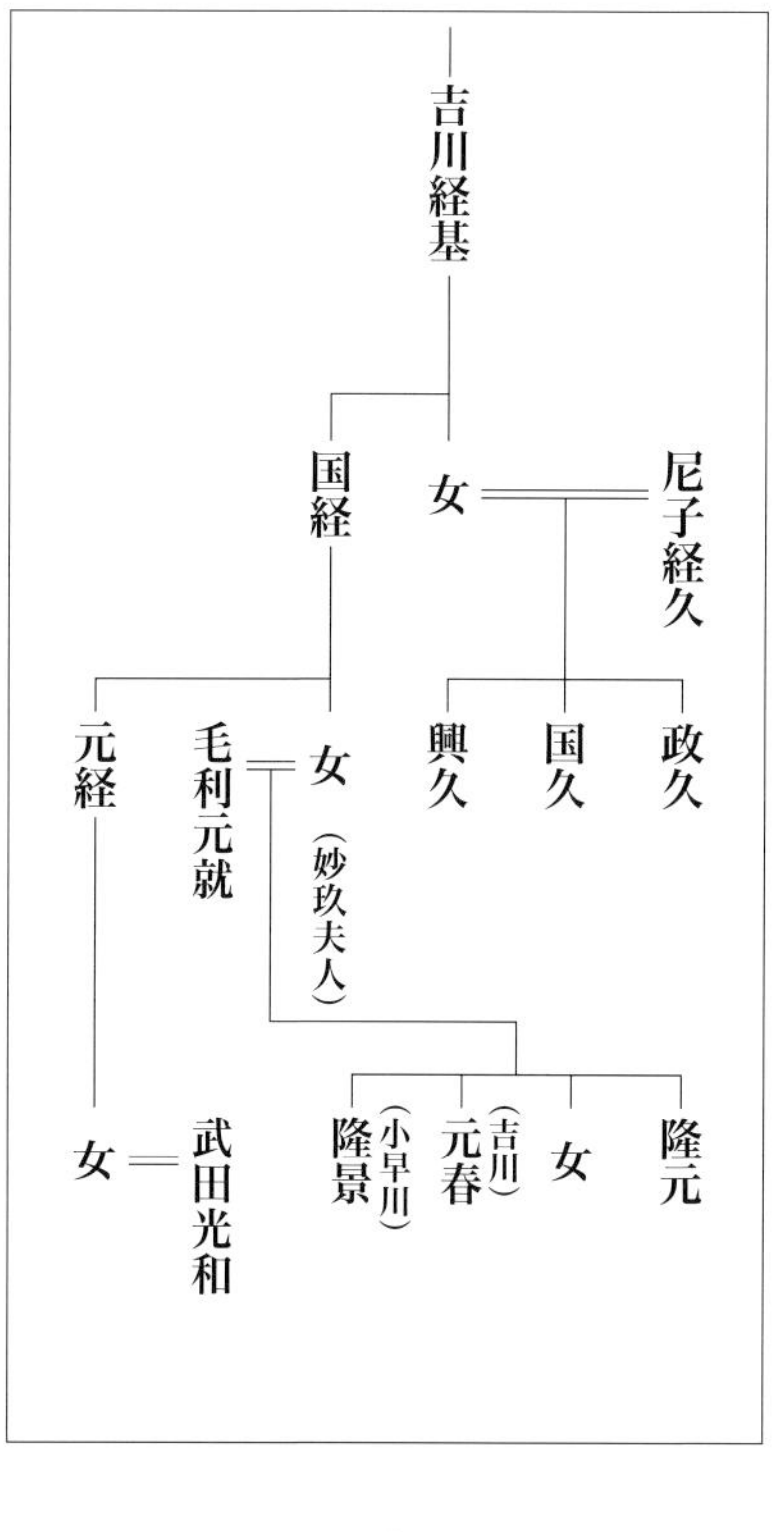

吉川経基
国経
女＝尼子経久
政久
国久
興久
元経
毛利元就＝女(妙玖夫人)
隆元
女
(吉川)元春
(小早川)隆景
女＝武田光和

【毛利氏略系図】

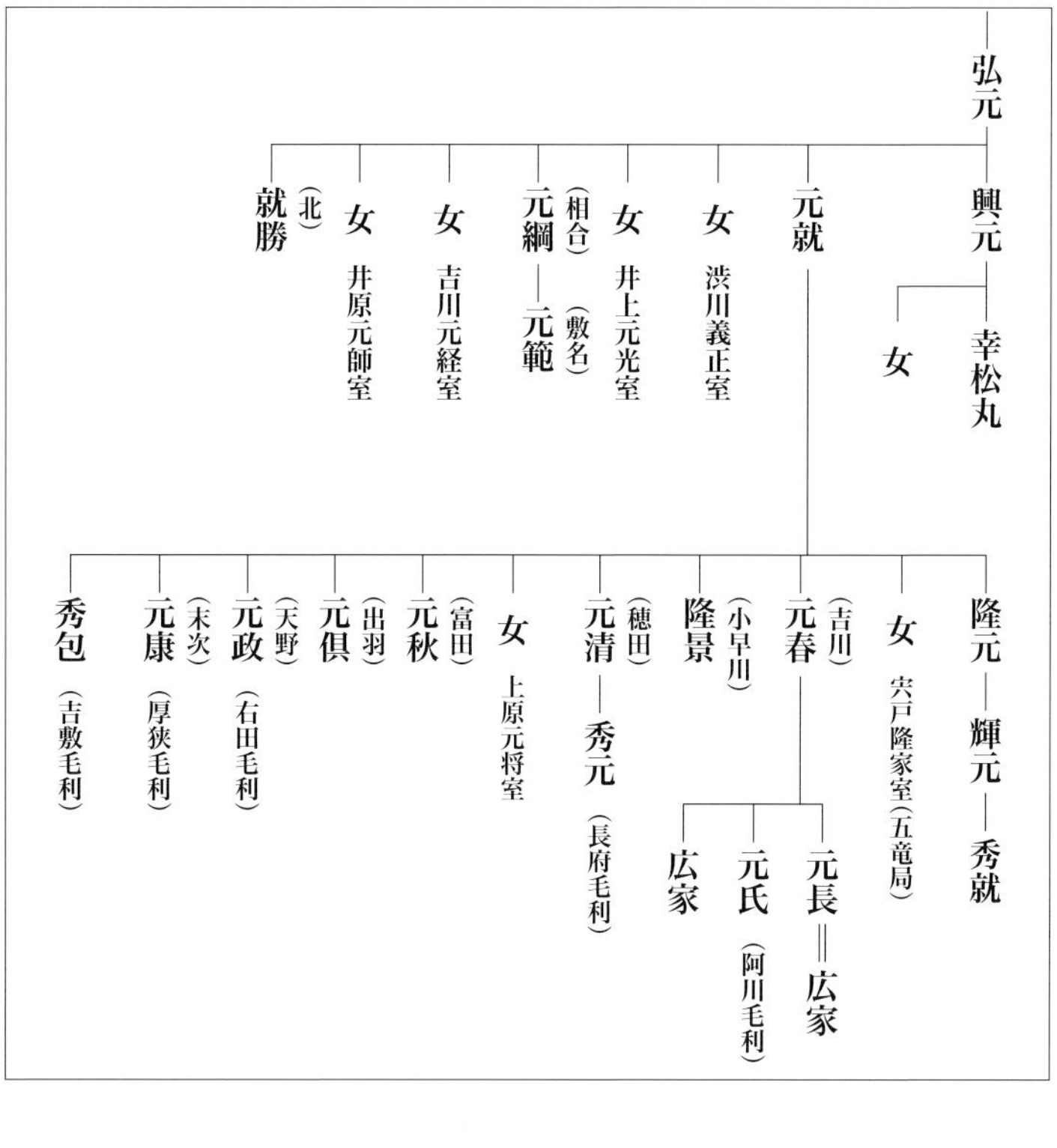

弘元
興元
幸松丸
女
元就
女 渋川義正室
女 井上元光室
(相合)元綱―元範(敷名)
女 吉川元経室
女 井原元師室
(北)就勝
隆元―輝元―秀就
女 宍戸隆家室(五竜局)
(吉川)元春
元長＝広家
元氏(阿川毛利)
広家
(小早川)隆景
(穂田)元清―秀元(長府毛利)
女 上原元将室
(富田)元秋
(出羽)元倶
(天野)元政(右田毛利)
(末次)元康(厚狭毛利)
秀包(吉敷毛利)

尼子一族概説

時代の風に乗り、風雲児経久は守護代から戦国大名に翔けのぼる。
この時、尼子氏は全盛期をむかえる。しかし、安泰な時代は長くは続かない。
毛利元就の鋭い眼差しが、富田城に注がれる。
尼子一族のプロフィールから、尼子の繁栄と衰退の歴史を垣間見ることができる。

尼子経久花押

尼子晴久花押

尼子持久

生没年不詳。尼子の祖高久の子。出雲尼子の祖。守護京極高詮《たかのり》の守護代として、出雲富田《とだ》城に下ったといわれるが、不明な点が多い。日御碕神社文書永享十一年（一四三九）十一月付の古文書に、尼子四郎左衛門尉の名が見えるが、これが出雲における尼子の初見である。この四郎左衛門尉を持久に比定する考えもある。

しかし、持久の出雲での治績は少なく、わずかに経塚山の伝承があるだけ。

尼子清貞

生年不詳～文明十年（一四七八）ごろ。持久の子。刑部少輔、出雲守護代。入道して無塵全賀庵主と号す。持久から守護代を引き継いだのは、応仁元年（一四六七）以前と考えられる。応仁の乱中、守護京極氏の支配力が低下すると、国人領主層に反守護的な動きがみられたが、清貞はこれを封殺し、守護から能義郡奉行職や美保関代官職を与えられた。これらをバネに、出雲東部に勢力を増大させ、文明六年（一四七四）ごろから、美保関公用銭を緩怠《けたい》し始めるなど、次第に独立の動きをみせ、経久の戦国大名への飛躍の伏線となった。

法名洞光寺殿華山常金大居士。墓は経久と並んで広瀬洞光寺墓地にある。宝篋印塔。

尼子経久

長禄二年（一四五八）十一月二十日～天文十年（一五四一）十一月十三日。八十四歳。清貞の子。又四郎、民部少輔、伊予守。文明六年十七歳のとき上洛。同十年ごろ帰国し、守護京極政経の偏諱《へんき》をもらって経久を名乗り、清貞に代って出雲守護代となる。しかし、美保関公用銭の納入緩怠《けたい》、守護段銭の徴収不履行など、公然と守護権力に反抗したので、文明十六年（一四八四）十一月ごろ、富田城を追放された。雌伏《しふく》一年余、文明十八年（一四八六）、奇計をもって富田城を奪回したといわれ、以後戦国大名の道を驀進《ばくしん》する。十六世紀の前半、大永ごろには、山陰、山陽二道にまたがる版図《はんと》を築き、大内義興と並んで中国地方の覇者となった。しかし、嫡子政久の死、三男興久の謀叛など、家庭的に恵まれず、とかく尼子一族の団結を欠いた上に、古い支配体質のため家臣団を把握できず、やがて毛利氏に敗れることになる。天文十年（一五四一）孫晴久が吉田郡山《こおりやま》城遠征を強行し、元就に敗れた年、八十四歳で死んだ。墓は広瀬町洞光寺に、父清貞と並んで建っている。

尼子久幸

義勝とも。清貞の子、経久の弟。下野守。毛利元就郡山籠城日記や陰徳記などの軍記物語に見える。兄経久を後ろで支える黒子的人物として描かれる。

甥の政久が不慮の死をとげたとき、子の晴久はわずか五歳。そこで経久や重臣たちが協議して、久幸を尼子の後継者にしようとしたが、久幸は固辞し、あくまで晴久を推した。

久幸は兄経久を補佐してきたが、行動が慎重だったので、臆病野州とか尼子比丘尼などと嘲《あざけ》るものがいた。天文九年（一五四〇）、晴久が毛利元就の本拠、吉田郡山《こおりやま》城（広島県安芸高田市）を攻撃しようとしたとき、石見と備後をもっと押えてから出動すべきだと、慎重論を展開した。

天文十年（一五四一）一月十三日、郡山城を包囲しながらほとんど効果的な攻撃をしないうちに、元就の果敢な反撃をくい、加えて大内義隆の援軍も到来し、窮地に追いこまれたとき、臆病野州の本当の勇気をお見せしようと敵陣におどりこみ、阿修羅の如く戦って死んだ。墓は安芸高田市西浦と広瀬町城安寺とにある。

尼子義久花押

尼子勝久花押

尼子政久

没年に諸説があるが、永正十年（一五一三）九月六日とすると、生年は長享二年（一四八八）。二十六歳。経久の嫡子。母は鬼吉川といわれた経基の女。永正十年（五年、十五年とも）、大東阿用城（磨石山城《とぎしやま》）の桜井宗的を討つため出動。持久戦の無聊《ぶりょう》を慰めるため、毎夜櫓に出て笛を吹いた。宗的が闇夜、笛の音をめがけて矢を放つと、政久の喉ぶえを射切った。経久は息子の不慮の死を悲しみ、自ら出陣して桜井氏を殲《せん》滅した。政久の遺骸は熊野大社の近くに埋葬されたが、経久はその地に寺を建て、法名にちなんで常栄寺とした。本堂裏山の一基の宝篋印塔が政久の墓である。

尼子国久

明応元年（一四九二）～天文二十三年（一五五四）十一月一日、六十三歳。経久の二男、孫四郎、刑部少輔、紀伊守。新宮党の党首。兄の政久が文武兼備であったとされるのに対し、豪勇で武略に長じていたという。富田城の北麓、新宮谷に一族と居館を構えていたので、世に新宮党と呼ばれる。

尼子の外征には常に新宮党が活躍したので、次第に功におごって惣領晴久と対立した。塩冶興久の乱後、塩冶氏の家督を継いで西出雲にも勢力を広げ、尼子の中枢権力をおびやかした。元就はこの内部対立をネタに、国久があたかも毛利に内通しているように見せかけ、これにのせられた晴久は、新宮党を全滅させたという（新宮党事件）。これは軍記物語の記するところだが、元就の謀略がなくとも、早晩起こるべき事件であった。以後、尼子の軍事力は半減した。

尼子晴久

永正十一年（一五一四）～永禄三年（一五六〇）十一月二十四日、四十七歳。経久の嫡孫、三郎四郎、詮久、天文十年（一五四一）十月、将軍足利義晴の偏諱《へんき》をもらって晴久と改める。民部少輔、修理大夫。五歳にして父政久と死別、天文六年（一五三七）祖父経久の隠退によって尼子一門の総帥となったが、この前後からしきりに山陽方面に出兵した。天文九年（一五四〇）毛利元就の拠城吉田郡山城を遠征して大敗。大内義隆、毛利元就らは追撃して富田《とだ》城を攻めたが、逆に敗北して退却した。天文二十一年（一五五二）出雲、伯耆、備前など八か国の守護職に補任《ぶにん》される。天文二十三年（一五五四）、対立していた伯父国久とその一門新宮党を全滅させたが、かえって尼子の軍事力を弱め、衰退に拍車をかけることになった。

墓は富田城の南麓、塩谷の奥にある。

尼子義久

天文九年（一五四〇）～慶長十五年（一六一〇）八月二十八日。七十一歳。晴久の子。幼名長童子、通称三郎四郎、右衛門督《かみ》。永禄三年（一五六〇）父晴久の跡を継いで富田城主となる。永禄五年（一五六二）から始まる毛利元就の出雲攻略によって、富田城は包囲され、籠城四年の後、永禄九年（一五六六）十一月降伏落城した。義久は弟倫久《ともひさ》・秀久とともに捕えられ、安芸長田（広島県安芸高田市）の円明寺に幽閉されたが、天正十七年（一五八九）、二十三年ぶりに赦されて志道の根谷《ねのたに》（広島市安佐北区）に五七〇石を給されて館を設けた。毛利氏が防長二国に削封されると、義久も長門に移り、奈古《なご》（山口県阿武町）において二九二石を給せられた。入道して友林と称し、平穏な閑日月を送った。嗣子がなかったので、弟倫久の子九一郎を養い、久佐元知と名乗らせた。元知は毛利の家臣となり、その養子就易《なりやす》にいたって佐々木と改姓した。墓は奈古の大覚寺にある。

尼子勝久

天文二十二年（一五五三）～天正六年（一五七八）七月三日。二十六歳。新宮党誠久《さねひさ》の五男。新宮党事件のとき、二歳の勝久は乳母の懐に抱かれて辛うじて難を逃れ、のち京都東福寺の禅僧となる。尼子再興を企てる山中鹿介幸盛、立原久綱らの尼子遺臣に擁せられ、還俗《げんぞく》して尼子孫四郎勝久と名乗り、再興軍の総大将となった。永禄十二年（一五六九）六月、島根半島千酌湾に上陸、忠山《ちゅうやま》に旗をあげた。以後尼子残党を糾合《きゅうごう》し、毛利勢の手薄に乗じて失地回復につとめたが、元亀元年（一五七〇）二月、布部《ふべ》山（安来市広瀬町）の戦いに敗北してより形勢ふるわず、翌年八月本拠地真山《しんやま》城（松江市法吉町）が陥落、勝久は辛くも隠岐に逃れ、出雲奪回はならなかった。のち上洛し、山中鹿介らと羽柴秀吉に従って、播州上月《こうづき》城（兵庫県佐用町）に籠《こも》ったが、毛利、宇喜多の大軍に包囲され、万策尽きて降伏し、天正六年（一五七八）七月三日切腹した。墓は上月城山の麓にある。

尼子一族一覧表

氏名	生年	没年月日	年齢	通称	官途	父母	法号	菩提寺	墓所
尼子持久	不詳	不詳	不詳	不詳	上野介 刑部少輔	尼子高久 不詳	祥雲寺殿	不詳	不詳
清貞	不詳	文明十頃（一四七八）	不詳	不詳	刑部少輔	持久 不詳	洞光寺殿華山常金大居士（無塵全賀庵主とも）	安来市広瀬町 洞光寺	安来市広瀬町 洞光寺
経久	長禄二（一四五八）	天文十、十一・十三（一五四一）	八十四	又四郎	民部少輔 伊予守	清貞 馬木上野介女	興国院殿月叟省心大居士	安来市広瀬町 洞光寺	安来市広瀬町 洞光寺
久幸（義勝とも）	不詳	天文十、一・十三（一五四一）	不詳	不詳	下野守	清貞 不詳	興国院殿無塵全可大居士か	城安寺	城安寺
政久	長享二（一四八八）	永正十、九・六（又は永正十五）（一五一三）	二十六	又四郎	民部少輔	経久 吉川経基女	不白院殿花屋常栄居士	松江市八雲町 常栄寺	松江市八雲町 常栄寺
国久	明応一（一四九二）	天文二十三、十一・一（一五五四）	六十三	孫四郎	民部少輔 紀伊守	経久 吉川経基女	松巖良吟居士	不詳	新宮党館跡
（塩冶）興《おき》久《ひさ》	明応六（一四九七）	天文三（一五三四）	三十八	彦四郎	宮内大輔	経久 不詳	梅隠喜央居士	不詳	富田城西麓
晴久 はじめ詮久《あきひさ》	永正十一（一五一四）	永禄三、十二・二十四（一五六〇）	四十七	三郎四郎	民部少輔 修理大夫	政久 山名兵庫頭女	月光院殿愚溪宗見大居士（天威心勢居士とも）	安来市飯生町 宗見寺	富田城南麓塩谷
義久	天文九（一五四〇）	慶長十五、八・二十八（一六一〇）	七十一	三郎四郎	右衛門督	晴久 尼子国久女	大覚院殿大円心覚大居士（友林とも）	山口県阿武町 大覚寺	山口県阿武町 大覚寺
倫《とも》久《ひさ》	天文十五（一五四六）	元和九、三・四（一六二三）	七十八	九郎四郎	九郎兵衛尉	晴久 尼子国久女	雲誉心佐瑞閑居士（桃源院石雲瑞閑大居士とも）	長門市渋木 訂心寺 浜田市金城町 保寧寺	長門市渋木 訂心寺 浜田市金城町 保寧寺
秀《ひで》久《ひさ》	不詳	慶長十四、十二・二（一六〇九）	不詳	八郎四郎	四郎兵衛尉	晴久 尼子国久女	喬山常心大居士	山口県阿武町 大覚寺	山口県阿武町 大覚寺
誠《さね》久《ひさ》	不詳	天文二十三、十一・一（一五五四）	不詳	孫四郎	式部少輔	国久 多胡悉休女	不詳	不詳	新宮党館跡
勝久	天文二十二（一五五三）	天正六、七・三（一五七八）	二十六	孫四郎		誠久 不詳	天雲宗清居士	不詳	兵庫県佐用町 上月城麓

戦国武将生存年表

武将生没年	生年	没年
北条早雲	1432(永享4)	1519(永正16)88歳
尼子経久	1458(長禄2)	1541(天文10)84歳
大内義興	1477(文明9)	1528(享禄1)52歳
尼子政久	1488(長享2)	1513(永正10)26歳 (永正15年死亡説あり)
尼子国久	1492(明応1)	1554(天文23)63歳
赤穴光清	1492(明応1)	1542(天文11)51歳
毛利元就	1497(明応6)	1571(元亀2)75歳
塩冶興久	1497(明応6)	1534(天文3)38歳
大内義隆	1507(永正4)	1551(天文20)45歳
尼子晴久	1514(永正11)	1560(永禄3)47歳
宇山久信	?	1566(永禄9)
陶晴賢	1521(大永1)	1555(弘治1)35歳
武田信玄	1521(大永1)	1573(天正1)53歳
毛利隆元	1523(大永3)	1563(永禄6)41歳
神西元通	?	1578(天正6)
吉川元春	1530(享禄3)	1586(天正14)57歳
上杉謙信	1530(享禄3)	1578(天正6)49歳
立原久綱	1531(享禄4)	1613(慶長18)83歳
米原綱寛	1532(天文1)	1613(慶長18)82歳
小早川隆景	1533(天文2)	1597(慶長2)65歳
織田信長	1534(天文3)	1582(天正10)49歳
豊臣秀吉	1536(天文5)	1598(慶長3)63歳
大西十兵衛高由	?	1588(天正16)
三沢為清	?	1588(天正16)
尼子義久	1540(天文9)	1610(慶長15)71歳
三刀屋久扶	?	1591(天正19)
徳川家康	1542(天文11)	1616(元和2)75歳
山中鹿介幸盛	1545(天文14)	1578(天正6)34歳
尼子勝久	1553(天文22)	1578(天正6)26歳
毛利輝元	1553(天文22)	1625(寛永2)73歳
亀井茲矩	1557(弘治3)	1612(慶長17)56歳

※茶色は尼子、青色は毛利、黒字は尼子・毛利関係以外の武将

：尼子十旗
：主な城郭
宇竜港
雲大社
鰐淵寺
鳶ヶ巣城
白鹿城
松田氏
真山城
満願寺城
洗合城
美保関港
斐伊川
宍道湖
中海
高瀬城
米原氏
宍道金山要害山城
宍道氏
浄土寺山城
古志氏
姉山城
朝山氏
熊野城
熊野氏
大西城
大西氏
飯梨川
十神山城
松田氏
西城
西氏
三刀屋城
三刀屋氏
佐世城
佐世氏
京羅木山
末石城
神西氏
近松城
立原氏
牛尾城
牛尾氏
清水寺
月山富田城
尼子氏
尾高城
杉原氏
出雲
布部要害山
掛合日倉城
多賀山氏
櫓城
三沢城
三沢氏
横田藤ヶ瀬城
三沢氏
伯耆
江尾城
蜂塚氏
馬木城
馬来氏
生山城
山名氏
備中
甲山城
山内氏
備後

TOPICS
トピックス

尼子経久

無欲で吝《しわ》い人

尼子経久は尼子の全盛期をもたらした名将。『塵塚《ちりづか》物語』によると、経久はいたって無欲の人であった。一族の者や出入りの家臣たちが彼の持ち物をほめると、甲冑であれ太刀であれ、はたまた墨跡《ぼくせき》であれ、たとえ家宝であっても、惜しげもなく相手に呉れてやった。そこで家臣たちは気の毒に思い、ほめることをやめにした。ところがある日、一人の男が、お庭の松ならいいだろうと、さかんにほめて帰っていった。その翌日、経久は家来にいいつけて松を掘らせ、くだんの男の所へとどけるよう命じた。ところが、掘っていざ運びだそうとすると、大きすぎて車にも載せられないし、通路もせまい。そこで家来がこ

尼子経久・晴久時代の国人領主たち

文明18年（1486）。
“月山富田城の奪回”という国盗り物語はみごとに成功。
経久の次のターゲットは、
安芸・備後・伯耆・石見などの近隣諸国。
つまり、中国の制圧であった。

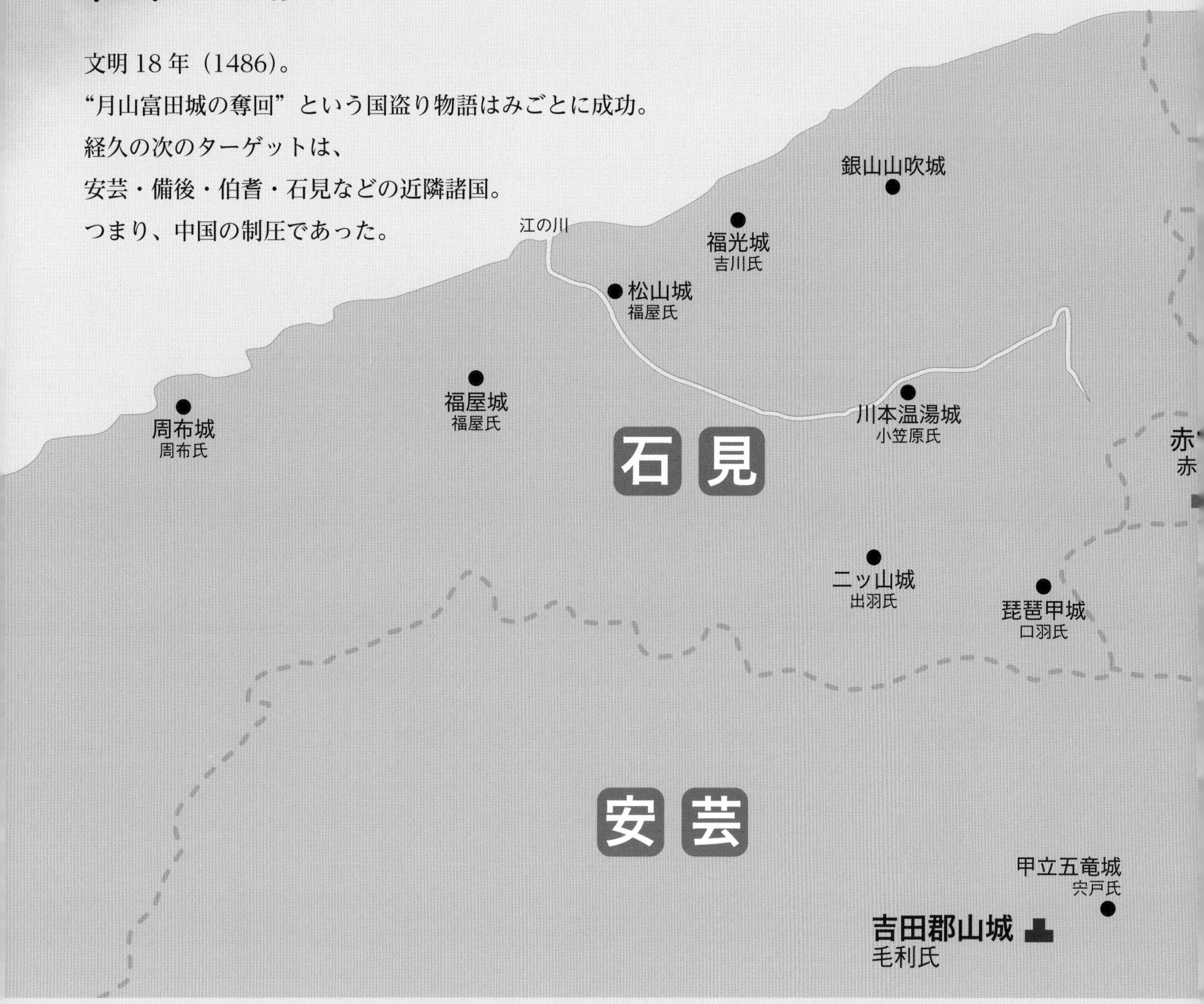

江の川
銀山山吹城
福光城
吉川氏
松山城
福屋氏
福屋城
福屋氏
周布城
周布氏
川本温湯城
小笠原氏
赤
赤
石見
二ツ山城
出羽氏
琵琶甲城
口羽氏
安芸
甲立五竜城
宍戸氏
吉田郡山城
毛利氏

のことを経久に言うと、仕方がない、細かく切って持って行け、と言ったという。『塵塚物語』は、「ふしぎといふもおろかなる人なりとぞ」と結んでいる。けっして、茶化しているのではない。あまりの無欲さにすっかり感心しているのだ。

ところが、『玉塵抄《ぎょくじんしょう》』には経久の別の面が描かれている。この書物は相国寺《しょうこくじ》の惟高妙安《いこうみょうあん》が書いたものである。妙安は天文の初めごろ、約十年も富田城下に住み、経久・晴久や家臣たちと交流した五山文学僧である。『玉塵抄』によると、経久はいたって吝《しわ》い人であった。瓜の皮を厚くむくことを嫌い、自分でむいて食べたという。天下の大戦国大名が、瓜の皮を厚くむくことを嫌って、自分で包丁を手にしてむいたというのだから、驚くべきけちん坊ぶり。いや、それほど己れに厳しい人だったのだ。

無欲と節倹は矛盾しない。部下にたいしては優しく、自分には厳しく、これが戦国大名たるものの心構えだったのである。

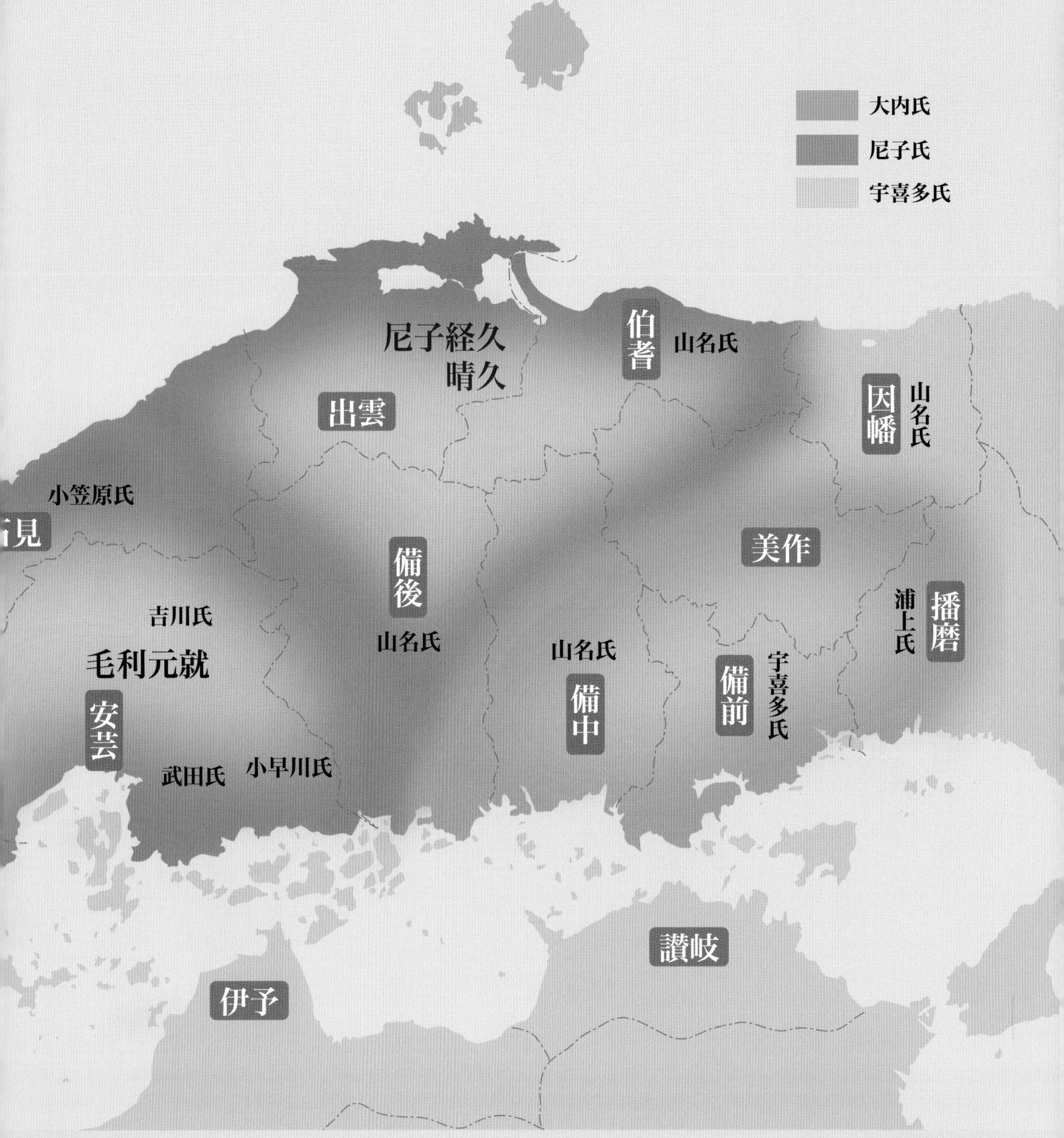
大内氏
尼子氏
宇喜多氏
尼子経久
晴久
出雲
伯耆
山名氏
因幡
山名氏
小笠原氏
見
備後
美作
吉川氏
山名氏
山名氏
播磨
浦上氏
毛利元就
備中
備前
宇喜多氏
安芸
武田氏
小早川氏
讃岐
伊予

TOPICS
トピックス

若武者の水死

大内神社

天文十一年（一五四二）、大内義隆は大軍をひきいて出雲に侵入し、馬潟（松江市）の正久寺で越年、翌年の立春をまって、本陣を富田城の西北にそびえる京羅木山に進めた。しかし、戦いは地の利を得た尼子晴久の方が優勢であった。戦線は膠着し、寄せ手大内軍の延びきった兵站《へいたん》線《せん》では、兵糧の補給もままならず、しだいに敗色が濃くなった。

そんななか、四月晦日、いったん大内に降っていた三沢・三刀屋など出雲や備後の国人衆が、ふたたび尼子へ復帰したことは、大内の敗北を決定的にした。

五月七日、大内軍は一斉に退却した。京羅木山の義隆は、揖《い》屋《や》から馬潟・津田を経て、石見路を通って山口に逃げ帰った。

天文年間の西国主要戦国大名勢力図
(1532 ~ 1555)

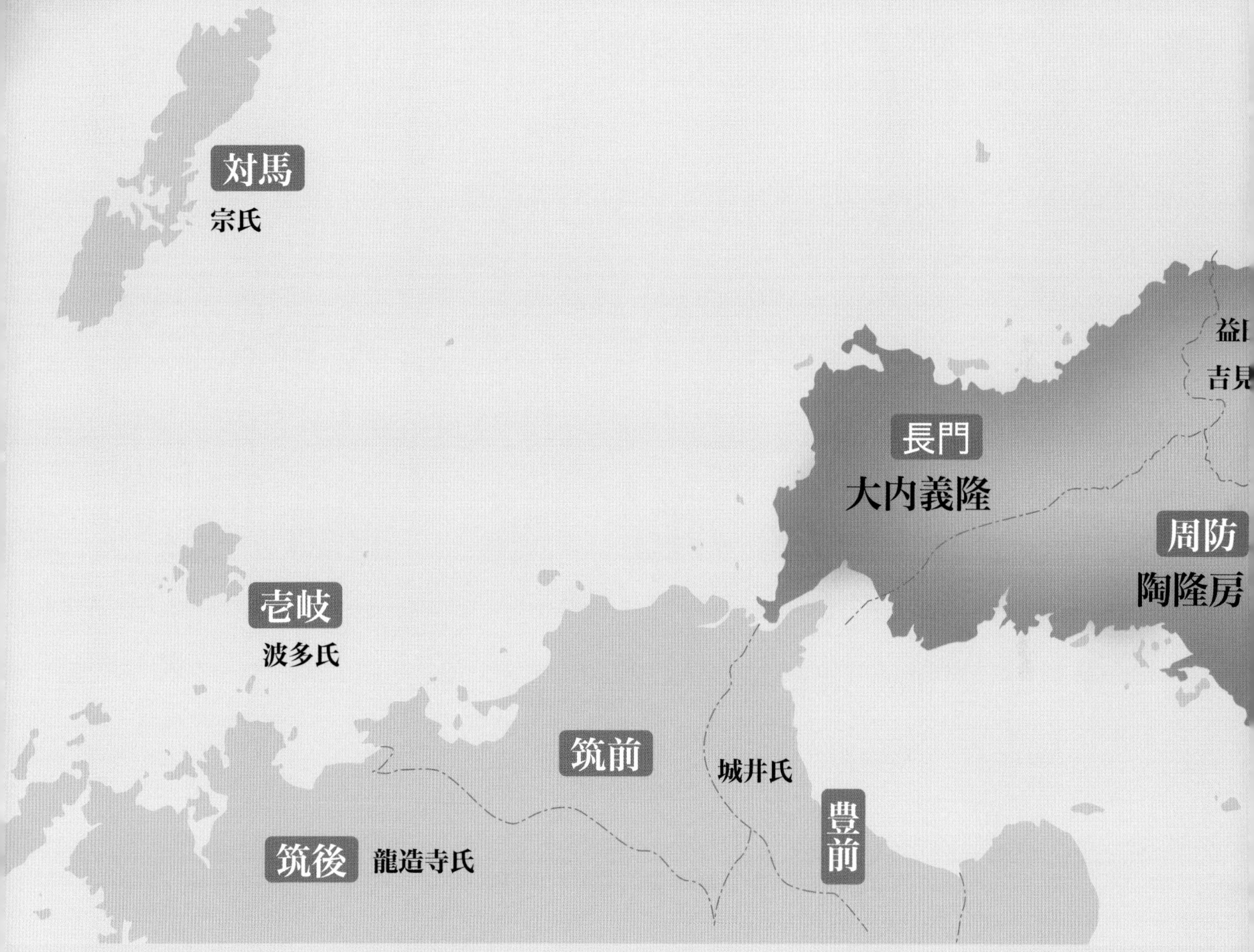
対馬
宗氏
壱岐
波多氏
長門
大内義隆
周防
陶隆房
筑前
城井氏
豊前
筑後
龍造寺氏

ところが、義隆の養嗣子晴持は、揖屋の浜で冷泉隆豊の迎えの小船に乗り移ったが、ほかの多くの将兵が舷《ふなばた》にとりついたので、ついに転覆してしまい、甲冑をつけていた晴持は、中海の藻くずと消えた。弱冠二十歳。彼は土佐の一条房家に嫁いだ義隆の姉の子であった。隆豊は死骸を湖底から探しだし、船にのせて山口に帰ったという。

以上は近世の軍記物の語るところであるが、地元に残る資料、「大内権現之御由来」によると、晴持は半死半生の状態で揖屋の西灘に流れついたところを、八月二十八日、土地の網元八斗屋惣右衛門が見つけ、懸命の看病をしたが、九月二十四日ついに帰らぬ人となったという。土地の人々は、この不運な若武者を悼《いた》んで小祠を設け、御霊を祀った。これが現在、東出雲町揖屋に鎮座する大内神社である。

尼子の家臣たち

尼子を支えた男たちの横顔

山中鹿介銅像（富田城内）

武将は孤高である。だが、彼らの下には必ず忠誠を誓ってくれる家臣たちの存在がある。

時として、武将を見限る者も少なくはなかったようだが…。

尼子氏の場合はどうだったのか？ 尼子を支えた家臣たちは何を想っていたのだろうか？

山中《やまなか》鹿介《しかのすけ》幸盛《ゆきもり》

天文十四年（一五四五）～天正六年（一五七八）

尼子の支流、山中満幸の二男。母は立原綱重の娘。幼名甚次郎、本名幸盛。通称鹿介。鹿之助、鹿之介と書くのは誤り。妻は尼子の重臣亀井秀綱の娘。永禄五年（一五六二）より続く出雲での尼子毛利合戦に勇戦したが、同九年十一月、富田《とだ》城が落ち、尼子義久ら三兄弟は毛利氏に降り、鹿介は浪人となる。同十二年、立原久綱らと尼子勝久を擁立、真山《しんやま》城（松江市）を中心に毛利軍と戦ったが利あらず、元亀二年（一五七一）、吉川元春に捕えられたが、隙をみて脱出し織田信長に助けを乞う。天正五年（一五七七）、秀吉に従って播州上月城《こうづきじょう》（兵庫県佐用町）に勝久を奉じて籠《こも》ったが、毛利軍の攻撃により落城。勝久は自刃、鹿介は捕えられ、護送中、備中阿井《あい》の渡《わたし》（高梁市）で殺された。鹿介は自ら苦難を求め、主家再興と出雲奪還に奔走した。「願わくば我れに七難八苦をあたえたまえ」と三日月に祈ったという逸話は有名。

赤穴《あかな》光清《みつきよ》

明応元年（一四九二）～天文十一年（一五四二）

右京亮、備中守。赤穴城（瀬戸山城、衣掛城《きぬかけじょう》）の城主。

赤穴城（飯南町）は備、雲、石三国の国境に位置し、尼子氏の戦略上の拠点だった。天文十一年、大内義隆は出雲遠征の軍をおこし、陶隆房、毛利元就らの諸将をひきい、石見の都賀《つが》の渡《わたし》（美郷町）を越えて出雲に進撃し、七月十八日から赤穴城を攻めた。光清は寡兵をもってよく防ぎ、とくに二十七日は激しい戦闘がくり返され、大内方は大きな損害を受け、赤穴勢の勝利とみえたが、夕刻にいたって、陶の軍中から射た矢が光清の喉を貫き、戦死した。そのため赤穴城は落城した。光清のあとは久清が継いだが、彼は永禄五年（一五六二）から毛利に降り、赤穴城の城主としての地位を確保した。

亀井《かめい》茲矩《これのり》

弘治三年（一五五七）～慶長十七年（一六一二）

新十郎、武蔵守、琉球守。はじめ尼子の家臣、のち秀吉に仕え、ついで家康に転仕。因幡鹿野《しかの》城（鳥取市）城主。湯永綱《ゆながつな》の子。尼子の重臣亀井秀綱の女を娶《めと》り、亀井氏を継ぐ。山中鹿介の義弟。鹿介とともに尼子復興のため因幡に転戦する。のち、秀吉に従って鳥取城攻めに参加。功により鹿野城主となる。文禄の役に出陣。関ヶ原の合戦には東軍に属し、家康の命により、因幡・伯耆を平定、因幡で三万八千石を与えられた。領内で新田開発、茶・桑の栽培など産業新興に努めるとともに、南蛮貿易にも参加する積極性を示した。嫡子政矩は元和三年（一六一七）石州津和野四万三千石に移封された。

熊野《くまの》久忠《ひさただ》

生没年不詳。

兵庫介。熊野城（松江市八雲町）城主。

天文十一年（一五四二）、大内義隆が来攻したとき、熊野久家とともに戦功をたてた。永禄六年（一五六三）、毛利元就は白鹿《しらが》城（松江市法吉町）を総攻撃したが、久忠が背後から牽制するので、元就はこれを討とうとし、九月九日、吉川元春、小早川隆景とともに熊野城を攻めたが、落とすことができなかった。代って引きあげる毛利軍を、久忠は猛追撃した。富田籠城戦のとき、いったん毛利に降ったが、永禄十二年（一五六九）、尼子勝久が出雲奪還のため、出雲に進攻すると、再び尼子方に復帰し、布部合戦に参加したが敗退、熊野城にたてこもったが、毛利の臣井上肥前守のすすめにより、元亀元年（一五七〇）四月ごろ、城を明け渡して降伏した。

佐世《させ》清宗《きよむね》

生没年不詳。

伊豆守、入道して源友。自閑斎《じかんさい》と号す。佐世城（雲南市大東町）の城主。

尼子の重臣として、天文九年（一五四〇）の安芸郡山城（広島県安芸高田市）攻撃、永禄三年（一五六〇）石見銀山（大田市）山吹城攻撃、永禄六年白鹿城（松江市）救援、永禄八年毛利元就による富田城三面攻撃における菅谷口《すがたにぐち》の防衛などに活躍したが、富田落城の直前に毛利方に降伏した。子息正勝・元嘉《もとよし》兄弟は、毛利の家臣として各地に転戦、朝鮮出兵にも参加した。清宗は連歌や絵画をたしなむ文化人で、彼の筆法は雲谷派《うんこくは》の流れをくみ、「荘子胡蝶《こちょう》の夢」、「月と梅」、「竹と雀」などの作品が、地元に伝えられている。

神西元通《じんざいもとみち》

生年不詳～天正六年（一五七八）
三郎左衛門。神西城（出雲市神西町）の城主。

富田城籠城戦のとき、毛利に降り、伯耆の末石《すえいし》城（鳥取県大山町）の城番に任じられる。永禄十二年（一五六九）山中鹿介らに擁せられた尼子勝久が、出雲奪還のため島根半島に上陸し、次第に失地を回復すると、元通は再び尼子方に復帰した。以後、一貫して尼子方として、再興戦に活躍したが、天正六年（一五七八）、籠城していた上月城（兵庫県佐用町）が落ち、七月二日切腹した。

大西高由《だいさいたかよし》

生年不詳～天正十六年（一五八八）
尼子晴久・義久の近習。大西《だいさい》城（雲南市加茂町）城主大西高範《たかのり》の子。十兵衛。富田城下に居住。史料にはあまり現れないが、軍記物には頻出する武将。天文二十三年（一五五四）十一月一日、晴久が尼子国久ら新宮党を討滅したときの中心的人物。永禄九年（一五六六）正月、富田《とだ》籠城中の尼子重臣宇山久兼が、大将義久によって讒死《ざんし》させられたが、高由は嬖臣《へいしん》大塚与三右衛門の讒言《ざんげん》に違いないとして、大塚を斬って義久を諫《いさ》めた。

富田城はこの年十一月に落城し、義久・倫《とも》久・秀久の三兄弟は、捕えられて安芸長田（広島県安芸高田市）の円明寺《えんみょうじ》に幽閉され、内藤元泰らの監視下におかれたが、高由は義久の近侍として同行を許された。天正十六年（一五八八）、義久が隠し持っていた尼子重代の宝刀、荒身《あらみ》の国行《くにゆき》のことが、毛利輝元の耳に入り、所望したので、止むなく献上した。義久は秘密をもらしたのは高由であるとし、彼を手討ちにしたといわれる。

立原久綱《たちはらひさつな》

享禄四年（一五三一）～慶長十八年（一六一三）
源太兵衛《げんたびょうえい》、雲南市加茂町の近松城主立原氏の一族。初め尼子義久の近習をつとめ、のち奉行人として活躍。永禄九年（一五六六）富田落城にあたって、尼子の使者となって毛利と降伏条件について交渉し、大将義久・その弟倫久《ともひさ》・秀久三兄弟の助命に尽力。落城後は浪人となり、山中鹿介とともに尼子の遺孤勝久を擁して尼子家再興につとめたが、天正六年（一五七八）上月城（兵庫県佐用町）が落ち、吉川元春に捕えられ、安芸に連行された。のち脱出して京に上り、秀吉に仕えていた女婿福屋隆兼を頼った。隆兼が蜂須賀家政の家臣となって、阿波の渭津《いのつ》城（徳島市）に移ると、久綱も同行し、静かに余生を送り、八十三歳で没した。

三沢為清《みざわためきよ》

生年不詳～天正十六年（一五八八）
幼名才童子丸、入道して空程《くうてい》。三沢城（奥出雲町）の城主。

為清の父為幸は、天文九年（一五四〇）、尼子晴久に従って安芸郡山《あきこおりやま》城に毛利元就を攻めて戦死。尼子軍は敗退。天文十二年（一五四三）大内義隆が出雲に進攻するや、為清は大内軍を先導して富田城を攻撃したが、戦況が思わしくなかったので、再び尼子方に復帰、晴久の麾下として転戦した。

永禄五年（一五六二）、元就が出雲に進攻すると、毛利方となって富田城を攻撃。以後、幾度も毛利氏に誓詞を呈して忠誠を誓った。天正十二年（一五八四）ごろ、子息為虎に家督を譲り、亀嵩《かめだけ》城（奥出雲町）を築いて隠退した。同十七年、国替のため一門残らず安芸に移住、のち長門に移り、毛利の支藩長府藩の家臣となった。

三刀屋久扶《みとやひさすけ》

生年不詳～天正十九年（一五九一）か
新四郎、弾正忠。尼子の旧臣、のち毛利に転仕。三刀屋城（雲南市三刀屋町）の城主。

天文九年（一五四〇）、尼子晴久の安芸吉田郡山《こおりやま》城の毛利元就の遠征に随従したが、敗退したので尼子を離れ、大内義隆に誼《よしみ》を通じ、同十一年（一五四二）、大内軍の出雲進攻を誘導した。しかし、富田城攻撃の戦況が思わしくないと思うや、再び尼子方に復帰した。

永禄五年（一五六二）、元就が出雲進攻を開始すると、また毛利方に帰属、毛利軍の兵站《へいたん》基地として重要な役割を果たした。以後、富田城攻撃、九州立花城攻めなどに参加し、忠実な毛利の家臣となった。天正十六年（一五八八）、毛利輝元に従って上洛した久扶が、徳川家康に招かれたことから輝元の勘気《かんき》をこうむり、領地を改易されたと伝えられるが、跡を継いだ孝扶（孝和とも）は、長門阿武《あぶ》郡の内で千八百石余を給与されている。久扶終焉の地は分らない。

孝扶は朝鮮出兵に参加して軍功をたて、出雲復帰を願ったがいれられず、ほどなく毛利の麾下を離れ、細川藤孝に従ったが、最終的には紀州徳川頼宣の家臣となった。

米原綱寛《よねはらつなひろ》

天文元年（一五三二）～慶長十八年（一六一三）
平内兵衛《へいないびょうえい》。高瀬城（出雲市斐川町）の城主。初め尼子晴久に仕えていたが、永禄五年（一五六二）毛利元就が出雲に攻め入ると毛利に誼を通じ、以後毛利の摩下として尼子と戦う。富田落城のときは、降伏勧告の使者となる。永禄十一年（一五六八）、毛利、大友の抗争が再燃すると、綱寛は毛利軍の一翼として九州に渡り、立花城攻撃にあたった。ところが翌年、山中鹿介ら尼子の遺臣が、尼子勝久を擁して出雲に攻め帰ると、綱寛も尼子方に復帰、以後、高瀬城を中心に、尼子再興戦を展開。元亀二年（一五七一）毛利輝元により高瀬が落城すると、勝久の籠もる真山城（松江市）に逃れたが、ここも陥落し、大将勝久は隠岐へ走った。しかし、綱寛は尼子氏を離脱して京に上り、出家して可春と名を改め、風雅三昧《ざんまい》の生活を送ったという。

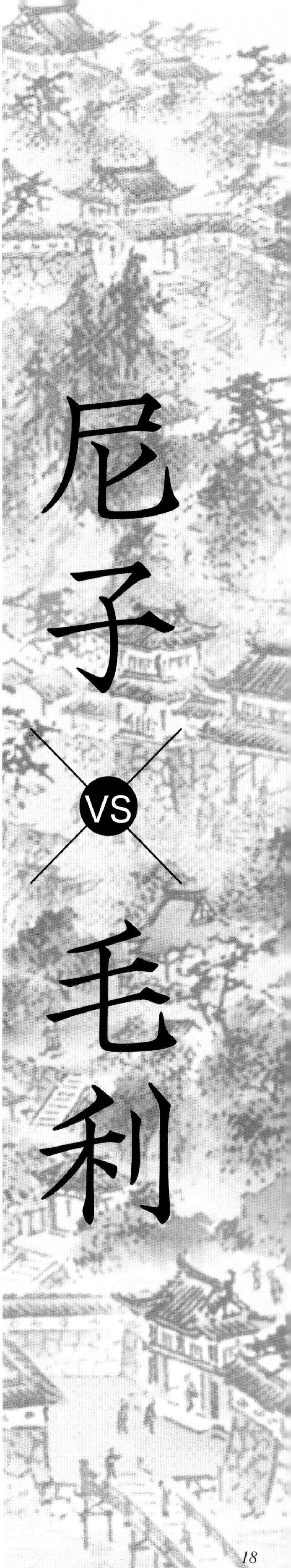

尼子 VS 毛利

安芸郡山《こおりやま》城の戦い

・天文九年（一五四〇）九月〜天文十年一月
・広島県安芸高田市
・尼子晴久 V.S 毛利元就

尼子晴久は天文九年八月下旬、総勢三万余をひきいて富田《とだ》城を出発、石見路から安芸に進攻し、九月四日、郡山城の北西四キロの風越《かざこし》山に本営を置いた。ついで二十三日、郡山の西南二キロの青山光井山に陣を進めたが、侍大将湯原宗綱が戦死するなど、戦況は思わしくなかった。その上、伯耆諸将の反乱を鎮圧するため、国久が急遽伯耆に出動したので、尼子勢の兵力は低下した。

十月十一日、尼子勢は多治比川を渡って郡山城に肉薄したが、元就は大手でこれを迎え撃ち、伏兵も左右から呼応したので、尼子勢は後退し、青山土取場の戦いで敗北を喫した。十二月二十三日、陶隆房（のちの晴賢）のひきいる大内援軍一万余が到着した。これに勇気を得た毛利勢は、果敢にうって出て随所に尼子勢を破った。一方、陶軍は青山の本営をつき、激しい戦闘をくり返した。この戦いで、晴久の大叔父久幸は壮烈な戦死をとげた。うち続く敗戦と飢寒のため戦意を失った尼子勢は、一月十四日未明、多大の損害を蒙って退却した。

風越山
印内
人名 尼子軍
人名 毛利軍
人名 陶軍
高小屋山
高屋
甲山
多治比
多治比川
江の川
毛利元就
天神山
郡山城
相合
下小原
宮崎長尾
香取縄手
青山土取場
祇園縄手
大田口
光井山
太郎丸
青山城
十日市
尼子詮久
住吉山
山田中山
常友
陶隆房
上小原
戸島川
竹原

吉田郡山城の戦い配置図

赤穴《あかな》城の戦い

・天文十一年（一五四二）七月二十七日
・島根県飯南町
・大内義隆 V.S 赤穴光清

尼子晴久が郡山城に毛利元就を攻めて敗北を喫すると、大内義隆はこの機をとらえ、尼子討滅を企て、天文十一年一月、山口を進発した。途中、安芸国府（広島県府中市）で元就ら芸備の諸将と合流し、三月初旬、石見出羽《いずわ》（島根県邑南町）の二ツ山城に着陣した。ここで石見の諸将を合わせると、都賀《つが》の渡（美郷町）で江川《ごうのかわ》を渡河し、出雲に進撃しようとした。

赤穴城（瀬戸山城、衣掛《きぬかけ》城とも）は、雲石備三国の接点に位置し、尼子十旗の第四位にランクされていることでも分るように、戦略上の拠点として尼子氏が重視していた。だから、大内軍としては、出雲進攻のために是が非でも攻略しなければならなかった。城主赤穴光清は忠実な尼子方であった。

慎重に作戦をねった大内軍は、七月二十七日の早朝、四万の軍を進めて城に肉薄した。光清は場内より石を投げて激しく応戦したので、一進一退、夕方まで死闘をくり返し、大内軍はいったん引きあげた。ところが、勝ち誇った光清の喉元を流れ矢が貫き、光清はあえなく戦死したので、急遽和議を申し入れ、城を明け渡すという意外な結果となった。

第一次月山《がっさん》富田《とだ》城の戦い

・天文十一年（一五四二）冬〜十二年五月
・島根県安来市広瀬町
・大内義隆 V.S 尼子晴久

天文十一年七月、赤穴城を攻め落とした大内軍は、翌年二月、目ざす富田城を眼下に見おろす京羅木山《きょうらぎさん》（島根県松江市東出雲町）に本陣を設け、陶隆房、毛利元就らの麾下の武将も、富田城の前面に布陣した。

しかし、天嶮の要害にたて籠もる尼子軍は果敢に応戦し、城は容易に落ちそうになかった。戦線膠着のなかで、尼子に寝返る武士も続出し、兵糧も欠乏したので、五月七日、義隆は撤退を決定した。義隆の養嗣子晴持は中海で水死し、小早川正平も美談（出雲市美談町）で自殺するなど、多大の犠牲者を出して敗走した。

忍原《おしばら》崩れ

・永禄元年（一五五八）七月下旬
・島根県大田市川合町忍原
・尼子晴久 V.S 宍戸隆家

永禄元年七月、晴久は一万五千をひきいて、温湯《ぬくゆ》城（川本町）の小笠原長雄《ながかつ》を救援しようとしたが、江川の増水によって城に近づけず、止むなく転じて大田に至り、先陣は川合に進んで銀山への補給路を遮断した。銀山山吹城の城将刺賀《さつか》長信・高畠直言《なおとき》は、急を毛利元就・吉川元春に知らせたので、元就は宍戸隆家・山内隆通・佐波隆秀・羽根弾正忠ら一万をもって、補給路の確保に当たらせようとし、両軍は忍原で撃突し、毛利軍は大敗、死傷者数百人を出した。これを陰徳記などの軍記物語では、「新原崩れ」としているが、忍原《うしんばら》の宛字であろう。かくして山吹城は陥落し、城将刺賀、高畠は温泉津の海蔵寺で切腹。山吹城には尼子の武将本城常光が入った。

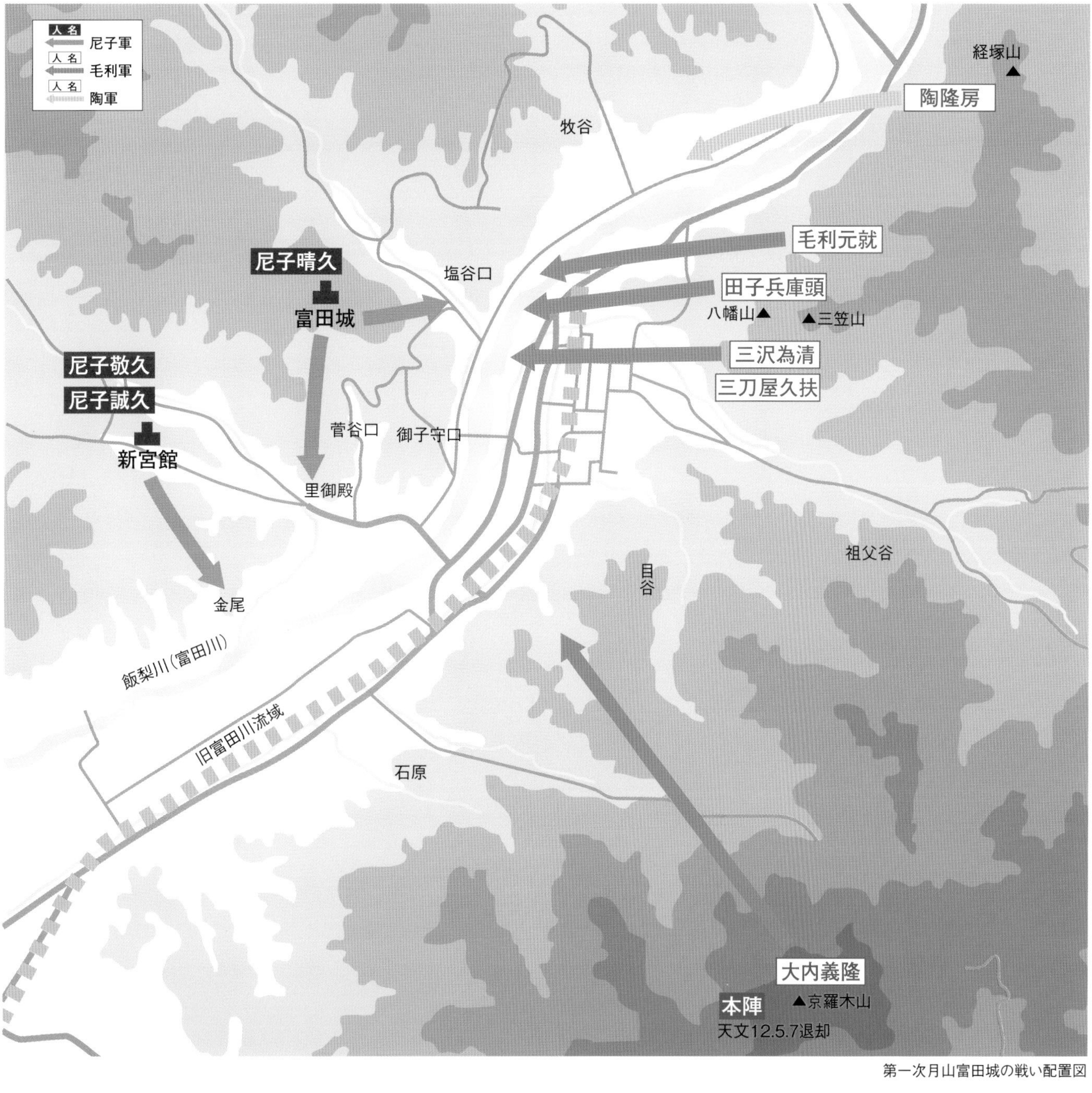

人名 尼子軍
人名 毛利軍
人名 陶軍
経塚山
陶隆房
牧谷
毛利元就
田子兵庫頭
八幡山
三笠山
三沢為清
三刀屋久扶
尼子晴久
富田城
塩谷口
尼子敬久
尼子誠久
新宮館
菅谷口
御子守口
里御殿
祖父谷
目谷
金尾
飯梨川（富田川）
旧富田川流域
石原
大内義隆
京羅木山
本陣
天文12.5.7退却

第一次月山富田城の戦い配置図

白鹿《しらが》城の戦い

・永禄六年（一五六三）八月～九月
・松江市法吉町
・毛利元就 V.S 松田誠保《さねやす》

永禄五年の年末、洗合《あらわい》山に本営を築いた毛利元就は、尼子の重要拠点白鹿城を攻略しようとした。白鹿城には城主松田誠保の一千余人と、富田城からの援将牛尾久清の八百余人が籠城していた。攻める毛利軍は約一万五千。元就は洗合へ来援の途中、佐々部（広島県安芸高田市）で急死した嫡子隆元の弔合戦とばかりに、吉川元春をはじめ、熊谷信直、杉原盛重らに命じ、八月十三日猛攻を加え、出丸の小白鹿城を奪取させた。誠保は本丸に籠って頑強に戦ったので、毛利軍はいったん引き、持久包囲の策をとり、城麓から坑道を掘らせ、水源を断とうとした。九月十日より毛利は再び攻撃をかけたが、城兵の反撃によって、多大の損害を出して退いた。又、城内からも坑道を掘り、九月十一日偶然にも両軍の坑道が貫通し、坑内で合戦が行われたという。

誠保の救援依頼によって、富田からも一万余人の軍勢が出動したが、毛利の迎撃にもろくも敗れ去り、白鹿城内の戦意は急速に阻喪《そそう》した。水、食糧の欠乏に加え、毛利軍の間断ない攻撃により、籠城七十余日、遂に九月二十九日降伏して城を明け渡した。元就は白鹿城を破壊して洗合に引きあげた。

第二次月山富田城の戦い

・永禄七年（一五六四）～永禄九年十一月二十一日
・島根県安来市広瀬町
・毛利元就 V.S 尼子義久

出雲に攻め進んだ毛利元就は、永禄六年十月、尼子の重要拠点白鹿城を落とすと、永禄七年より富田城を包囲し、糧道を遮断し、城下の田畑を焼き払ったので、城は完全に孤立した。

永禄八年四月、元就は富田城の西北にそびえる京羅木《きょうらぎ》山《さん》に陣を進め、菅谷口《すがたにぐち》、御子守口《おこもりぐち》、塩谷口《しおたにぐち》の三方から総攻撃を開始したが、尼子軍も堅固な城地を背に果敢に応戦したので、毛利軍はいったん引きあげ、元就も洗合《あらわい》城に帰った。山中鹿介と品川大膳が富田川の中洲で壮絶な一騎打ちを行なったのは、この年の九月である。

その後、元就は徹底的な兵糧攻めに戦術を転換、城内の兵糧は窮乏し、譜代の重臣でさえ、あいついで投降した。永禄九年元旦には、筆頭家老宇山久兼が讒《ざん》によって誅殺され、尼子氏は破局的状態となった。それでもなお、鹿介らの強硬派に支えられ城をもちこたえたが、義久は永禄九年十一月二十一日、遂に降伏の使者を出した。同日、元就も受諾の誓紙を送り、尼子氏はここに滅亡した。

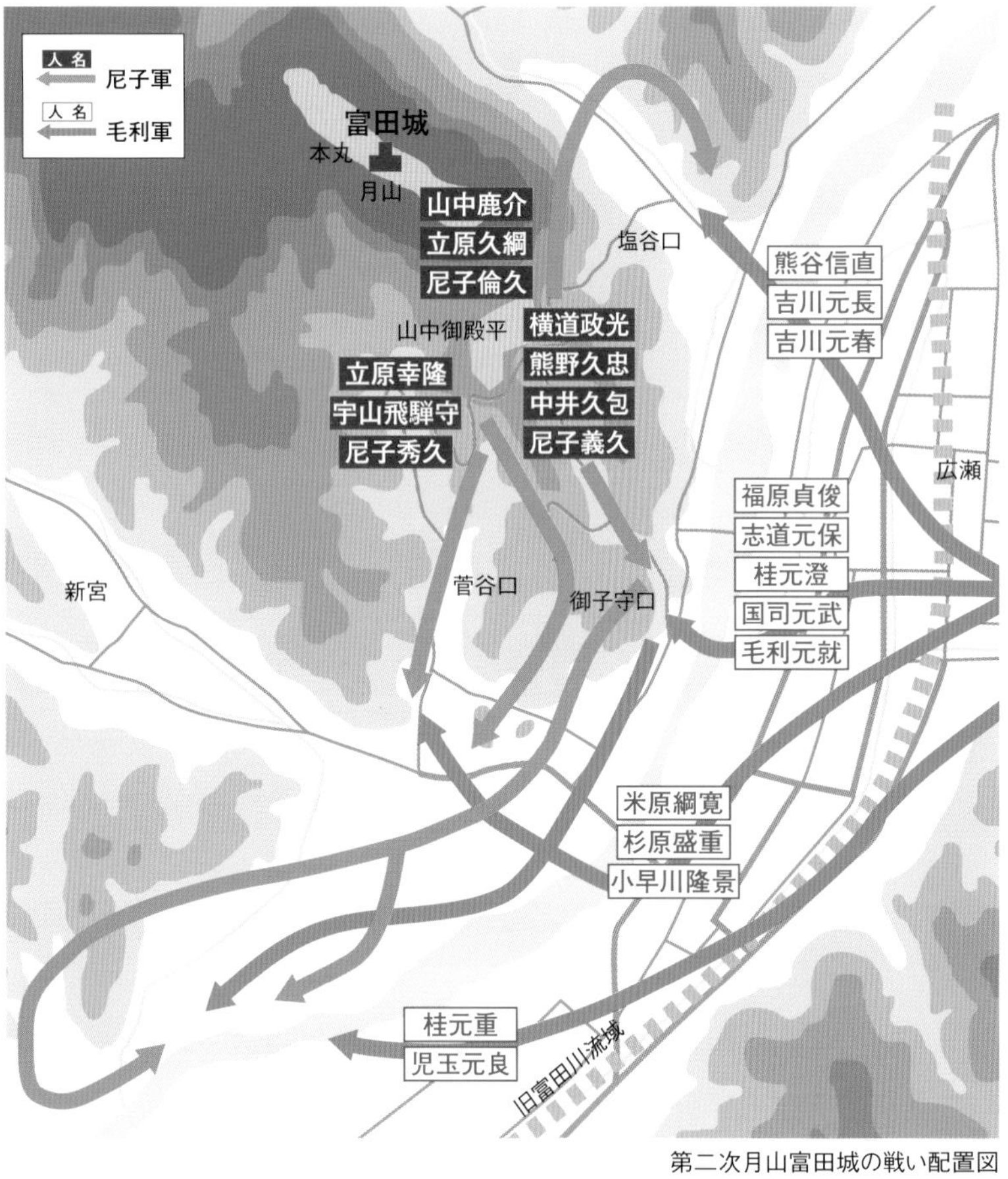

第二次月山富田城の戦い配置図

布部《ふべ》山《やま》の戦い

・元亀元年（一五七〇）二月十四日
・島根県安来市広瀬町
・毛利輝元 V.S 山中鹿介（尼子勝久）

永禄十二年六月、山中鹿介・立原源太兵衛らの尼子再興軍は、尼子勝久を擁して島根半島千酌《ちくみ》（松江市美保関町）に上陸し、真山《しんやま》城（松江市）を奪取して尼子残党を糾合、富田城に迫った。驚いた毛利は、北九州の主力を引きもどし、永禄十三年正月、輝元を大将として富田城救援に向かわせた。

山中鹿介はこれを富田南方の布部山で迎え撃ち、二月十四日、大雪を蹴散らして激戦を展開したが、数にまさる毛利軍が大勝し、尼子の出雲奪回の夢は消え去った。

布部山の戦い配置図

◆尼子・毛利関係略年表◆

毛利	年号	西暦	尼子
	長禄 2	1458	尼子経久生れる
	応仁 1	1467	応仁の乱おこる
	文明 3	1471	京極政高(のち政経)出雲守護となる
	6	1474	この年、又四郎(のち経久)上洛し、美保関公用銭の軽減を政高に願う
	9	1477	この年、又四郎は民部少輔に任じ、経久と称し、父清貞より家督相続するか
	11	1479	この頃、京極政経、出雲に在国
	14	1482	経久　出雲・隠岐両国の段銭を横領、幕府これを責める
	16	1484	経久　出雲守護代を罷免、富田城を逐われる
	18	1486	経久　富田城へ帰る
	長享 2	1488	経久　三沢氏を破る
	延徳 2	1490	大徳寺の春浦宗熙　経久の寿像に讃を書く
	明応 1	1492	経久の二男国久生れる
安芸吉田(安芸高田市)郡山城で毛利元就生れる (幼名 松寿丸)	6	1497	
長兄興元家督相続。　松寿丸　父弘元と多治比猿掛城へ移る	9	1500	
父弘元死す(39歳)。　元就　猿掛城に居る	永正 3	1506	
	5	1508	経久　高佐山城(雲南市加茂町)を攻撃する 出雲に在国中の守護京極政経没す
	7	1510	経久　日御碕神社の遷宮、出雲大社正殿の立柱を行う
元就　元服する	8	1511	
	11	1514	経久の孫晴久(詮久)生れる
興元　長子幸松丸生れる	12	1515	
兄興元死す(24歳)。　幸松丸2才で家を継ぐ	13	1516	
元就　安芸武田元繁と戦って勝つ。　初陣である	14	1517	
	15	1518	この頃、経久は備後・美作方面に出兵する
	大永元	1521	経久　阿用城(雲南市大東町)の桜井宗的を攻め、長子政久戦死す (永正10年説もあり)
幸松丸　郡山城内で死す(9歳) 元就　郡山に入城して家督を継ぐ 隆元生れる	3	1523	経久　この頃より、連年安芸・石見にて大内氏と戦う
	4	1524	経久　伯耆の諸城を制圧 経久　元就らとともに、安芸銀山城武田光和を助け、大内方の陶興房と戦う
元就　尼子氏と決別して大内氏と結ぶ	5	1525	
	7	1527	尼子軍　備後和智にて元就軍と戦う
大内義興　山口に没し、子義隆継ぐ	享禄 1	1528	
元就二男元春　郡山城内に生れる	3	1530	経久三男興久　父に背き反乱をおこす
	4	1531	詮久(晴久)　元就と兄弟の盟約をなす
元就　三男隆景(徳寿丸)郡山城内に生れる	天文 2	1533	
元就の長子隆元　人質として山口の大内氏に赴く	6	1537	詮久　石見大森銀山を奪回 詮久　播磨に進出。　この年、経久第一戦を退き、詮久政治に当る
	7	1538	詮久　しきりに美作・備前・但馬・播磨に進出す
新宮党の尼子国久　郡山城に向うも甲立五竜城の宍戸隆家により撃退される。 詮久率いる尼子本隊は、郡山城を囲むも、各所に敗北 年末、大内の援軍陶隆房到着。　形成は圧倒的に優位となる	9	1540	経久の二男国久　元就の居城安芸吉田郡山城に向うも、撃退される 詮久の軍勢　郡山城に向い、包囲する 詮久の二男義久富田城にて生れる 尼子軍は地理不案内、寒冷、食料不足、大内援軍の到着等により形勢不利となる
毛利軍大勝。　隆元　山口より帰る	10	1541	1月14日尼子軍総退却。　尼子経久没す(84歳)
大内義隆　出雲遠征のため山口を出発 毛利元就、吉川、小早川などの安芸・備後国人これに従う	11	1542	
大内義隆・毛利元就ら総退却	12	1543	富田城包囲中の大内軍は総退却
元就夫人(妙玖)没(47歳)	14	1545	山中鹿介生れる
元就　家督を隆元に譲り隠退する。　隆元24歳	15	1546	
陶晴賢(隆房)の謀叛により、大内義隆は深川の大寧寺で自刃	20	1551	
	21	1552	晴久　出雲・隠岐など八か国守護職に補任される。　また、従五位下大膳大夫に任じられる
隆元の長子輝元(幼名 幸鶴丸)生れる 備後甲山城主山内隆通　元就の勧誘を容れて降伏する	22	1553	
陶晴賢　吉見正頼の居城三本松城を攻撃する	23	1554	尼子晴久　叔父尼子国久ら新宮党を全滅させる
元就　厳島の戦いで宿敵陶晴賢を滅ぼす	弘治 1	1555	
元就　隆元・元春・隆景の三子に、教訓状を認めた	3	1557	
	永禄 3	1560	尼子晴久没す(47歳)。　義久家督を継ぐ
元就　洗合に本営を築く	5	1562	
元就　白鹿城を攻める 元就の長男隆元　出雲に赴く途中、備後佐々部において急逝す	6	1563	白鹿城は激戦のすえ落城す。　白鹿救援軍の中に山中鹿介登場する
将軍義輝　典医曲直瀬道三を出雲に派遣し、元就の病気を治癒させる	7	1564	
富田三面攻撃。　尼子軍奮戦して撃退 吉川元春　洗合城中で太平記を書写する	8	1565	鹿介　敵将品川大膳と富田の河原で一騎打ちし、勝利する
尼子義久兄弟　開城降伏を受諾、誓書を交換する 11月28日富田城を退出する。　城は天野隆重が城督となる	9	1566	尼子三兄弟(義久・倫久・秀久)は、安芸長田延命寺に幽閉される 鹿介らは浪人となり、上方へのぼった
	11	1568	鹿介　立原源太兵衛ら、京都東福寺の僧(新宮党の遺児)を還俗させ、尼子孫四郎勝久と名乗らせ、尼子残党の大将に推戴
輝元　元春・隆景ら大軍をひきいて出雲富田城の救援に向かい、布部山(安来市)で鹿介らのひきいる尼子残党と激突、勝利をおさめる	元亀 1	1570	山中鹿介・立原源太兵衛らの尼子再興軍は、輝元ひきいる毛利軍と布部山で激突し、激戦を展開したが、最終的には大敗し、それぞれの居城に逃げ帰った
元春　米原綱寛の居城高瀬城を攻撃、綱寛は尼子勝久の籠もる真山城へ遁入し、高瀬城は落城した 6月14日、毛利元就　吉田郡山城中において没す(75歳)	2	1571	尼子勝久を擁する尼子残党は、真山城(松江市)に籠もって最後の抵抗を試みる
	5	1577	秀吉　播磨上月城を陥れ、勝久・鹿介ら入城
足利義昭将軍　上月落城を賀して、毛利輝元に刀・馬を贈る	6	1578	上月城開城。　尼子勝久・同氏久・神西元通ら切腹。　尼子氏滅亡 山中鹿介　備中高梁阿井の渡にて殺害される(34歳)

大山
7 山吹井戸
4 5 三ノ丸
24 新宮党館跡
1 勝日高守神社
12 菅谷口虎口
8 親子観音
2 本丸
七曲
3 二ノ丸
9 山中御殿
6 西袖ヶ平
14 花の壇
11 塩谷口虎口
20 大土塁
10 13 大手門
塩谷口

月山富田城の遺構と見どころ

十神山城
安来港
山中鹿介屋敷
23
19 馬乗馬場
22 城安寺
15 奥書
18 千畳平
道の駅
21 巌倉寺
新宮橋
安来市歴史
資料館
16 17 太鼓壇
(山中鹿介像)
御子守口
富田川河床遺跡
富田橋
飯梨川(富田川)

❶勝日高守神社

❷本丸

❸二ノ丸

❹三ノ丸

❺三ノ丸石垣

❻西袖ヶ平

❼山吹井戸

❽親子観音

❾山中《さんちゅう》御殿

⓫塩谷口虎口《こぐち》

❿大手門跡

⓬菅谷口虎口

⑬大手門の石垣

⑭花の壇

⑮奥書院平

⑯太鼓壇

⑱千畳平

⑲馬乗馬場

⑰山中鹿介像

⑳大土塁

㉑巌倉寺

㉒城安寺

㉓山中鹿介屋敷跡

㉔新宮党館跡

月山富田城
赤色立体図と縄張図

（新宮《しんぐう》谷）
伝山中鹿介
屋敷跡
元秋の墓
勝《かつ》日《ひ》高守《たかもり》神社
尼子晴久の墓
本丸
二ノ丸
三ノ丸
城安寺
（菅《すが》谷《たに》）
平直諒《なおあきら》の墓
西袖《にしそで》ヶ《が》平《ひら》
山中《さんちゅう》御《ご》殿《てん》平《ひら》
七曲り
馬乗《うまのり》馬場
奥書院
花ノ壇
（中谷）
大土塁
（太鼓壇《たいこのだん》）

月山富田城赤色立体地図：安来市教育委員会提供

富田城の遺構

富田城は、戦国時代に中国地方に覇を唱えた尼子氏の居城である。尼子氏が毛利氏に敗れた後は、吉川氏など毛利一族が拠点とした。関ヶ原の戦い後は、毛利氏に代わって堀尾氏が出雲国に入封し、富田城を拠点とした。

慶長十三年（一六〇八）に堀尾氏が拠点を松江城に移し、さらに元和元年（一六一五）の一国一城令により富田城は廃城となった。

現在残る富田城跡は、尼子氏が築き、その後毛利・吉川氏、堀尾氏によって改修されたものである。

本丸跡などをはじめとする主要な曲輪が位置している月山を中心として、そこから周辺に延びる幾筋もの尾根上に曲輪群が分布しており、城跡の西側を北方に流れる飯梨川（富田川）を天然の堀として利用している。

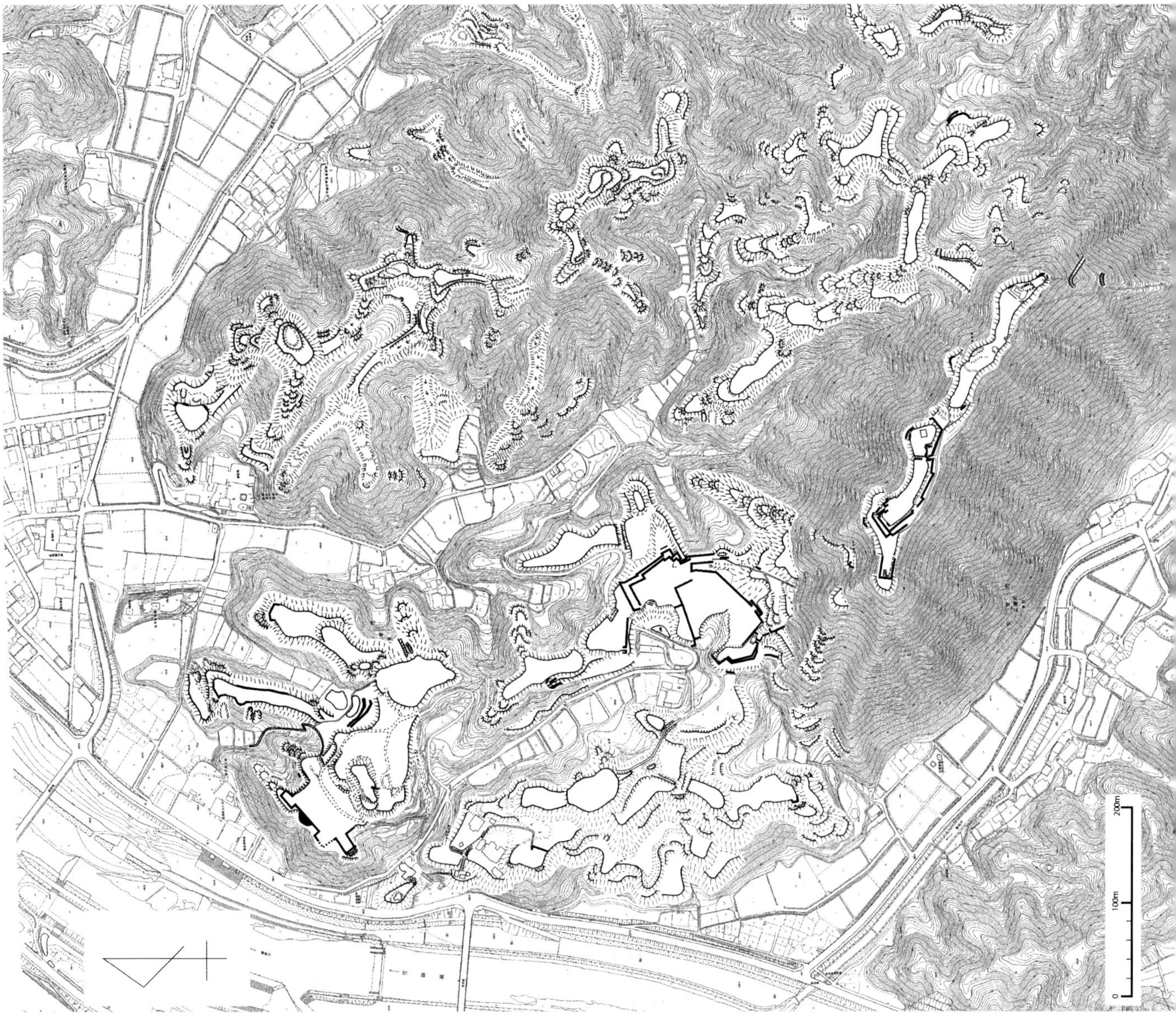

月山富田城縄張図：高屋茂男氏提供

月山の山頂部は、富田城の本丸、二ノ丸、三ノ丸、西袖ヶ平と連続する曲輪群が構築されている。

月山中腹の山中御殿から北西方向に延びる丘陵部には、花の壇、奥書院、太鼓壇、千畳平など曲輪群があり、土塁、堀切、石垣など城郭遺構を見ることができる。

また、近年の調査や赤色立体図等で北側のエリアにも多数の曲輪など城郭遺構が確認されており、往時の富田城の防御態勢の厳重さが窺える。

多数の曲輪や土塁を組み合わせながら配することで防御性を高め、複雑に入り込んだ自然地形を巧みに活用しながら、それらに手を加えることで、城としての強固な防御機能を高めている。

富田城の防備網「尼子《あまご》十旗」

中世、出雲国統治の中心であった富田城は、標高一九七メートルの月山に構築された天下の険城で、敵を寄せつけなかった。その富田城の防衛網として、南・西方向に扇形に配置された拠点基地、それが、尼子・毛利の戦いの舞台となった尼子十旗なのである。

尼子十旗（出雲十旗）

『雲陽軍実記』に、「惣じて尼子旗下にいて禄の第一は白鹿、第二は三沢、第三は三刀屋、第四は赤穴、第五は牛尾、第六は高瀬、第七は神西、第八は熊野、第九は真木、第十は大西なり、これを出雲一国の十旗と云ふ」とある。十旗とは尼子の旗下十家十城を指し、有力な家臣であるとともに、その城は富田城防衛体制の重要拠点となっている。但し十旗の制は確実な史料には見当らない。

一　白鹿《しらが》城

松江市法吉町　一五四メートル　城主松田氏。永禄六年（一五六三）八月から始まった毛利元就の攻撃に対し、城主松田誠保や富田城からの援将牛尾久清らはよく耐えたが、九月二十九日遂に城を明け渡した。かくて富田防衛線上の最重要拠点は落ちた。登山可。

真山
256.3m
真山城跡
西持田町
北山農道
白鹿城跡
松江島根線
431
東生馬町
ソフトビジネスパーク
常福寺
比津が丘
法吉町
淞北台
松江鹿島線
春日町
東奥谷町
島根大
国道431号（バイパス）
城北小
菅田町
西川津町
石橋町
松江城
県庁

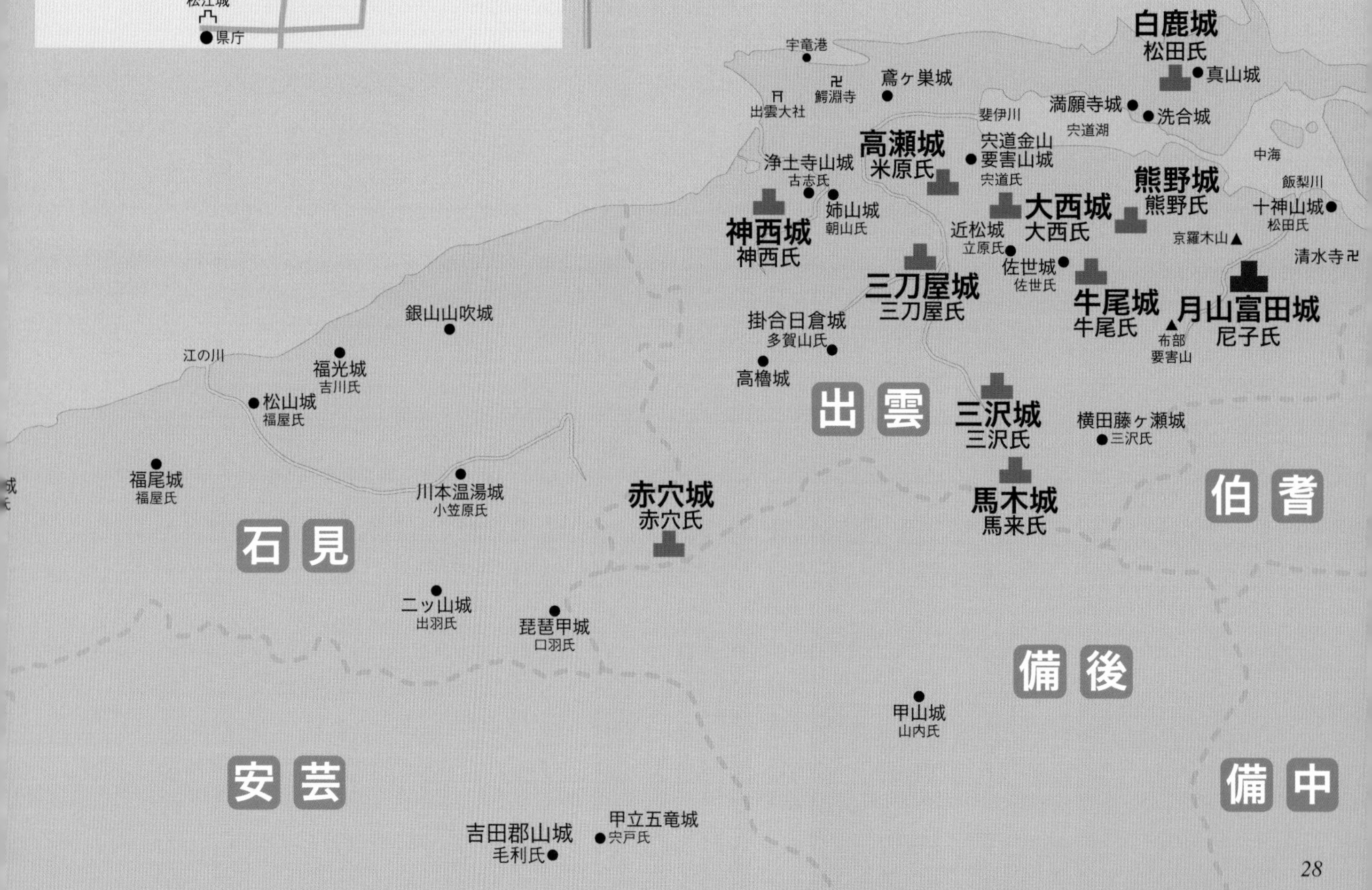

〔▲：尼子十旗〕
白鹿城
松田氏
真山城
宇竜港
鰐淵寺
出雲大社
鳶ヶ巣城
満願寺城
洗合城
斐伊川
宍道湖
高瀬城
米原氏
宍道金山
要害山城
宍道氏
浄土寺山城
古志氏
中海
熊野城
熊野氏
飯梨川
神西城
神西氏
姉山城
朝山氏
大西城
大西氏
十神山城
松田氏
近松城
立原氏
京羅木山
清水寺
佐世城
佐世氏
三刀屋城
三刀屋氏
牛尾城
牛尾氏
月山富田城
尼子氏
布部
要害山
掛合日倉城
多賀山氏
銀山山吹城
江の川
福光城
吉川氏
高櫓城
松山城
福屋氏
出雲
三沢城
三沢氏
横田藤ヶ瀬城
三沢氏
福尾城
福屋氏
川本温湯城
小笠原氏
赤穴城
赤穴氏
馬木城
馬来氏
伯耆
石見
ニッ山城
出羽氏
琵琶甲城
口羽氏
備後
甲山城
山内氏
安芸
備中
甲立五竜城
宍戸氏
吉田郡山城
毛利氏

二　三沢《みざわ》城

奥出雲町鴨倉　四一八・五メートル　城主三沢氏。一四世紀初頭の築城とされる。三沢氏は出雲最強の国人武士。永正六年（一五〇九）三沢為忠は横田庄内に藤ヶ瀬城を築き、以後これを惣領の居城とした。登山可。

城山 ▲ 578.1
木次線
林原
上鴨倉
314
いずもみなり
三沢城跡
（要害山）
野谷
鴨倉
みざわの館
原田
光善寺
三沢町
三成
三沢小
出雲仁多線
三沢
仁多中学校
奥出雲町仁多庁舎
サイクリングターミナル
上鞍掛
下鴨倉
51
阿井川ダム
阿井川
堅田
432

三　三刀屋《みとや》城

雲南市三刀屋町古城　一三〇メートル　城主三刀屋氏。三刀屋氏惣領家の城郭は、十六世紀以前には現在のじゃ山であったらしい。十六世紀後半の三刀屋久扶のころは、現在の三刀屋城山に移っている。久扶は永禄五年（一五六二）から出雲に進攻した毛利元就に降ったので、三刀屋城は毛利軍の補給基地となった。そのため尼子軍の攻撃をうけた。登山可。

峯寺弥山 299.1
峯寺
神原木次線
八幡神社
出雲三刀屋線
三刀屋川
271
下口
松本古墳
古城
三刀屋城跡
（三刀屋城跡公園）
54
上給下
三刀屋文化体育館アスパル
ハイキングコース
雲南警察署
雲南市三刀屋総合センター
永井記念館
三刀屋天満宮
三刀屋中学校
吉田三刀屋線

四　赤穴《あかな》城

飯南町下赤名　六〇〇メートル　瀬戸山城、衣掛《きぬがけ》山城、藤釣城などの別名もある。城主赤穴氏。出雲、備後、石見三国境に位置する重要拠点。天文十一年（一五四二）大内義隆来攻のとき、城主赤穴光清は善戦したが、戦死し、城を明け渡した。永禄五年（一五六二）毛利元就が来攻したとき、城主赤穴久清は戦わずして城を明け渡した。登山可。

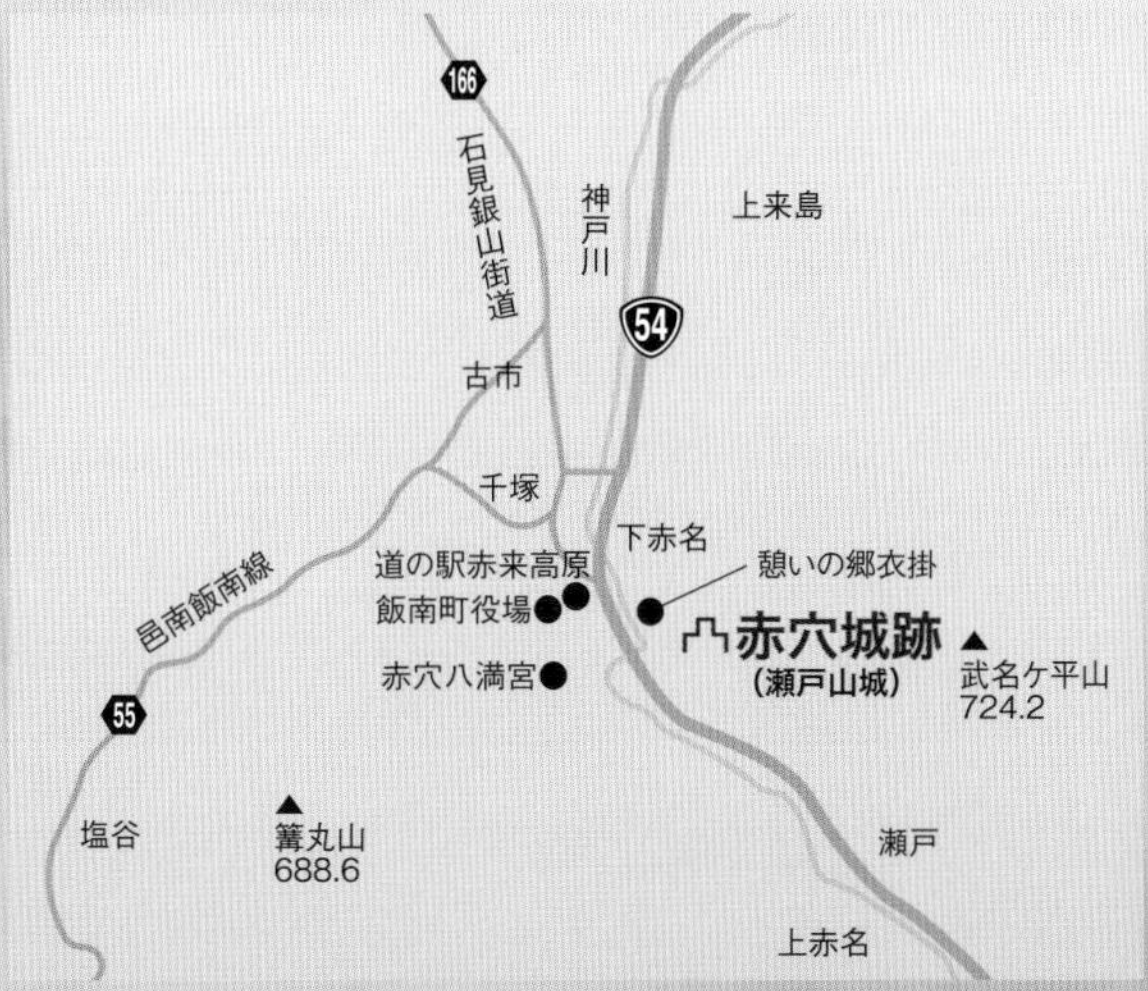
166
石見銀山街道
神戸川
上来島
54
古市
千塚
下赤名
憩いの郷衣掛
道の駅赤来高原
飯南町役場
赤穴城跡
（瀬戸山城）
武名ケ平山 724.2
邑南飯南線
赤穴八満宮
55
塩谷
篝丸山 688.6
瀬戸
上赤名

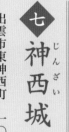

五 牛尾《うしお》城

雲南市大東町海潮　三一〇メートル　三笠城ともいう。城主牛尾氏。元亀元年（一五七〇）四月十七日、毛利輝元に攻められ、城主牛尾弾正忠ら一六〇余人が戦死した。尾根続きに位置する高平山城は、この時毛利の陣城として機能した。登山可。

高峯山
411.5
須我神社
神楽の宿
須我
北村
大東東出雲線
海潮小学校
三笠山
302.2
高平山城跡
牛尾城跡
（三笠城）
海潮中学校
海潮神社
24
弘安寺
登城口
新庄
下小河内
古代鉄歌謡館
大仁農道
山神神社
海潮温泉

六 高瀬《たかせ》城

出雲市斐川町学頭　三一九メートル　城主米原氏。築城時期不明。元亀元年（一五七〇）布部の戦いで尼子軍が敗北すると、米原綱寛の高瀬城は、真山城と並んで尼子最後の拠点となる。しかし、翌二年三月十九日落城、綱寛は真山に逃れた。登山可。

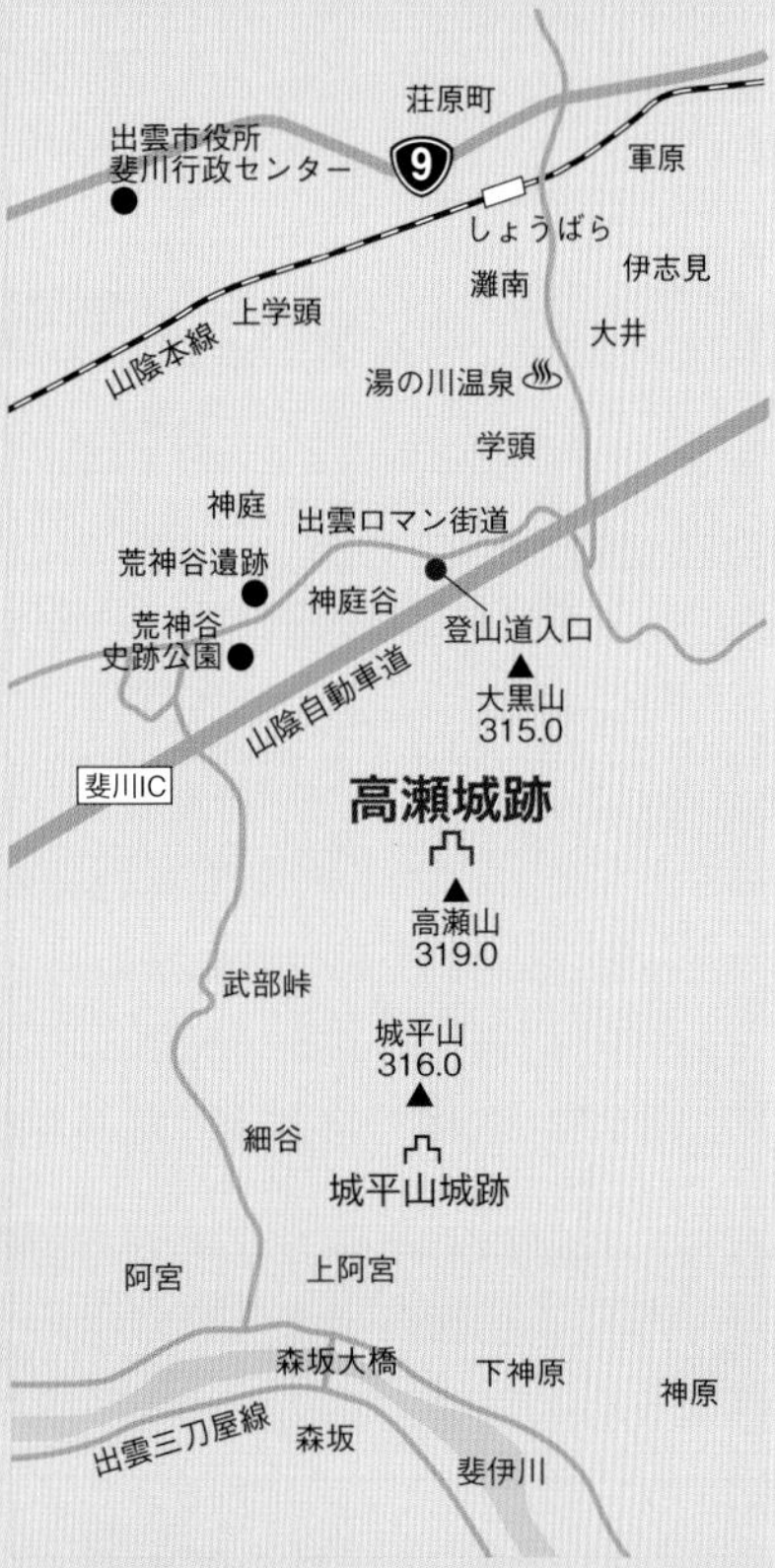

荘原町
出雲市役所
斐川行政センター
9
軍原
しょうばら
伊志見
灘南
上学頭
大井
山陰本線
湯の川温泉
学頭
神庭
出雲ロマン街道
荒神谷遺跡
神庭谷
登山道入口
荒神谷
史跡公園
山陰自動車道
大黒山
315.0
斐川IC
高瀬城跡
高瀬山
319.0
武部峠
城平山
316.0
細谷
城平山城跡
阿宮
上阿宮
森坂大橋
下神原
神原
出雲三刀屋線
森坂
斐伊川

七 神西《じんざい》城

出雲市東神西町　一〇一メートル　別名龍王山竹生《たけのお》城。出雲西部の関門。城主神西氏。戦国末期には神西元通が城主。元通はいったん毛利に降ったが、尼子勝久の出雲入国にあたって尼子に復帰、以後尼子再興に尽し、天正六年（一五七八）七月二日上月城で切腹した。登山可。

431
神門川
神門橋
神門町
大島町
知井宮町
いずもじんざい
9
東谷
にしいずも
神西沖町
山陰本線
差海
神西湖
出雲市役所
湖陵行政
センター
西神西町
東神西町
十楽寺
出雲ロマン街道
こうなん
神西城跡
平成スポーツ公園
那賣佐《なめさ》神社

八　熊野《くまの》城

松江市八雲町熊野　二八〇メートル　城主熊野氏。永禄六年（一五六三）九月、白鹿城を包囲していた毛利元就は、後方から牽制する熊野久忠を討つため、熊野城を攻撃したが撃退された。元亀元年（一五七〇）布部合戦の後、牛尾城の落城をみて開城した。かわって富田城の城督だった天野隆重が入城。登山可。

九　馬木《まき》城

奥出雲町大馬木　九三七メートル　城主馬来氏。夕景《ゆうげ》城、寒峰城ともいう。備後比婆郡からの侵入を防ぐ役割を担う。登山困難。

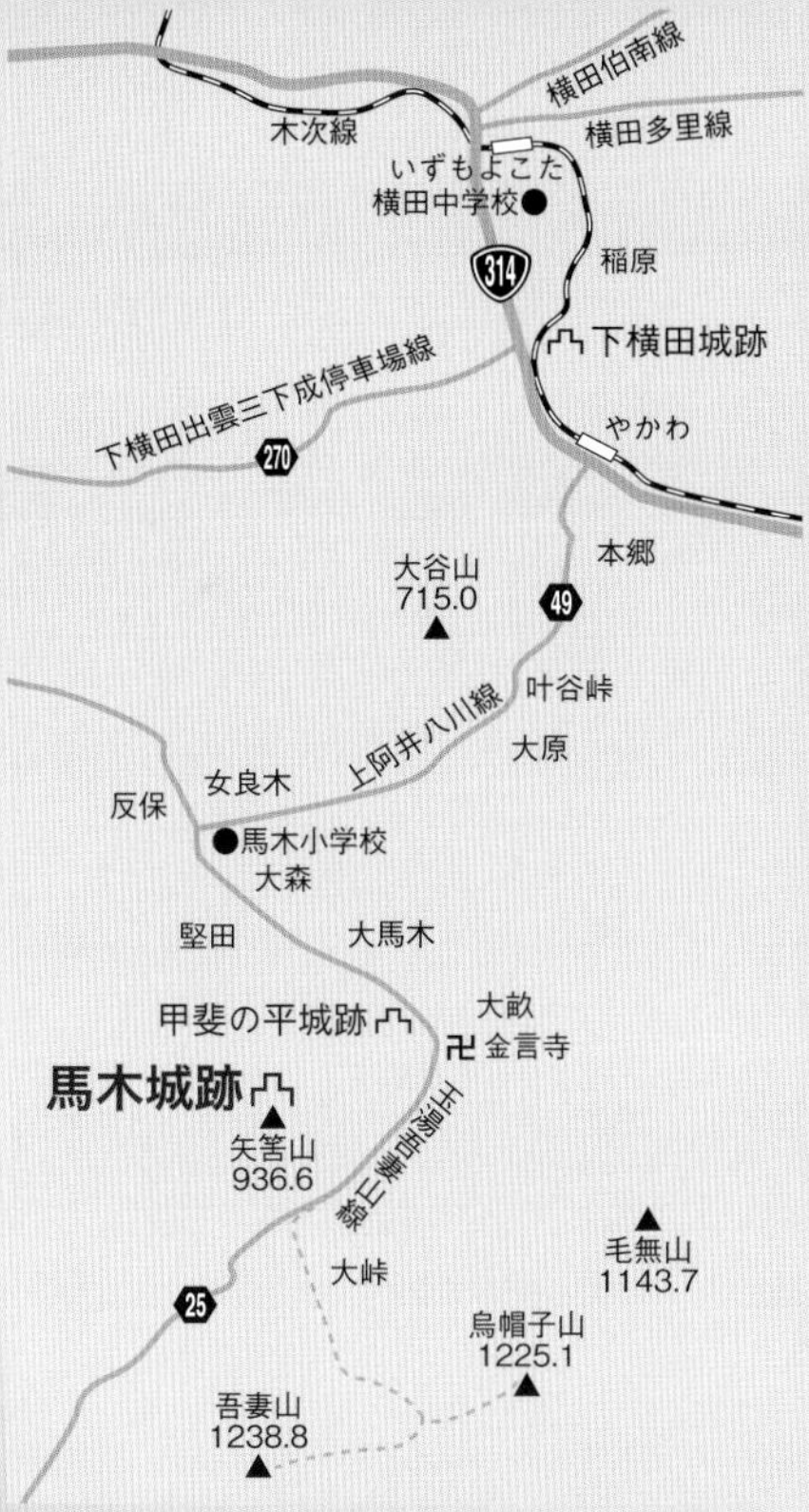

十　大西《だいさい》城

雲南市加茂町　一九七メートル　高佐城ともいう。城主はもと鞍掛氏だったらしいが、尼子晴久時代以後は大西氏が城主。永正五年（一五〇八）尼子経久は高佐の要害を攻めているが、誰が反抗したものであろうか。晴久、義久の側衆に大西十兵衛高由がいて、義久に同行して安芸長田へ行った。高由が大西城主だったかどうか不明である。登山可。

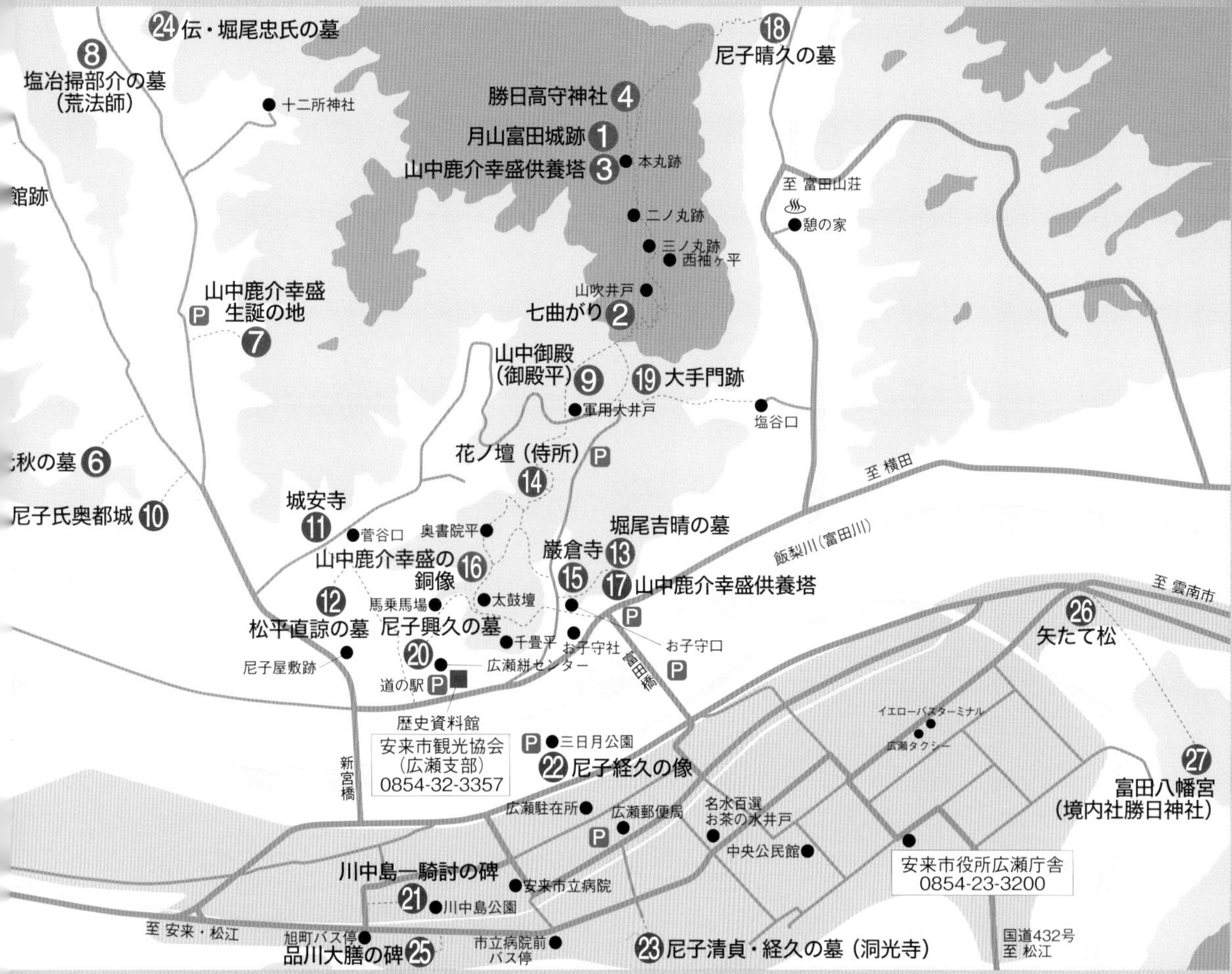

㉔伝・堀尾忠氏の墓
⑱尼子晴久の墓
⑧塩冶掃部介の墓（荒法師）
十二所神社
④勝日高守神社
①月山富田城跡
③山中鹿介幸盛供養塔
本丸跡
館跡
至 富田山荘
憩の家
二ノ丸跡
三ノ丸跡
西袖ケ平
山吹井戸
山中鹿介幸盛生誕の地⑦
P
②七曲がり
山中御殿（御殿平）⑨
⑲大手門跡
軍用大井戸
塩谷口
⑥秋の墓
花ノ壇（侍所）P
⑭
至 横田
城安寺⑪
⑩尼子氏奥都城
菅谷口
奥書院平
堀尾吉晴の墓
巌倉寺⑬
飯梨川（富田川）
山中鹿介幸盛の銅像⑯
⑮
⑰山中鹿介幸盛供養塔
至 雲南市
⑫
馬乗馬場
太鼓壇
P
㉖矢たて松
松平直諒の墓
尼子興久の墓
千畳平
お子守社
お子守口
尼子屋敷跡
⑳
広瀬絣センター
富田橋
P
道の駅 P
歴史資料館
安来市観光協会（広瀬支部）0854-32-3357
P 三日月公園
㉒尼子経久の像
イエローバスターミナル
広瀬タクシー
新宮橋
㉗富田八幡宮（境内社勝日神社）
広瀬駐在所
広瀬郵便局
名水百選 お茶の水井戸
P
中央公民館
安来市役所広瀬庁舎 0854-23-3200
川中島一騎討の碑
安来市立病院
㉑川中島公園
至 安来・松江
旭町バス停
品川大膳の碑㉕
市立病院前バス停
㉓尼子清貞・経久の墓（洞光寺）
国道432号 至 松江

史跡を歩く

ひとめ見ただけでは自然の山と変わらない城山。また、史跡の多くは山間の町の風景に溶けこむように、ひっそりと息づいている。その事実が五百年余りという時空を超えて、私たちに何かを語りかけてくれる。

❶月山富田城跡

富田城本丸

❷七曲がり

山中御殿から山頂への軍用道。

史跡富田城跡 案内図
Toda castle ruins Map

富田城案内板

❸山中鹿介幸盛供養塔

月山山頂本丸跡に建つ。ここからの眺望は格別。

❹勝日高守神社

保元平治の頃（一一五六〜一一五九）平家の武将平景清が出雲に入り、月山に築城するに当たってお社があっては畏れ多いと里宮を富田八幡宮（矢たて松の伝説）に移す。現在山頂の勝日高守神社は里宮に対して奥宮。祭礼は春夏二回。

⑤新宮党館跡

新宮党は、尼子氏の強力な一門であったが、毛利氏に謀られた富田城主晴久によって天文二十三年（一五五四）滅ぼされた。尼子経久の三男国久、その子誠久、豊久、敬久の墓とともに太夫神社の祠がある。

⑥毛利元秋の墓

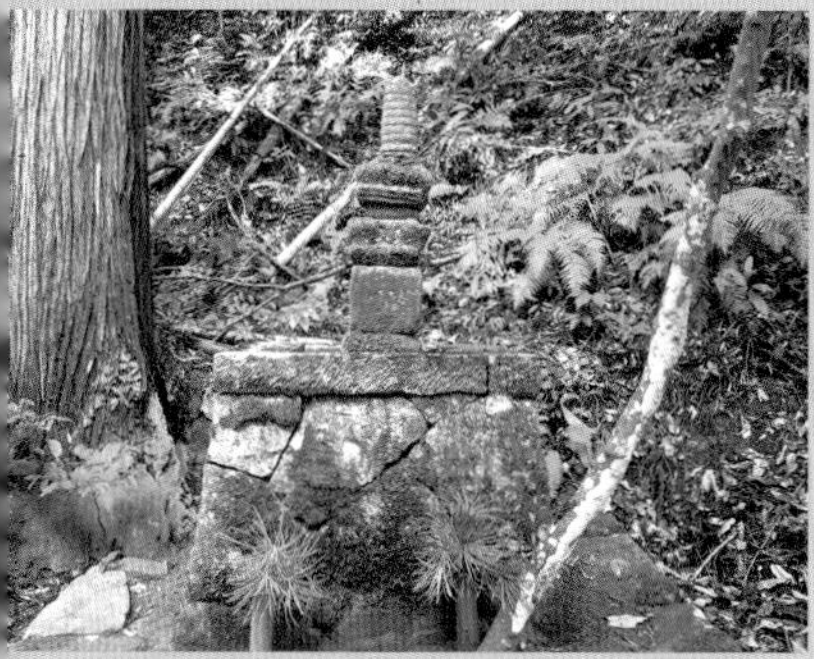

宗松寺跡の奥、竹薮の中にあるのが毛利元秋の墓。元秋は毛利元就の五男で、天正年間（一五七三〜一五九二）天野隆重に推されて富田城主となったが、天正十三年（一五八五）富田城中で病死した。

⑦山中鹿介幸盛生誕の地

鹿介の生誕地については異説もあるが、山中家は尼子家の分かれであるところから古文書、系図等の調査によってここが生誕地と推定されている。鹿介は天文十四年（一五四五）八月十五日、父満幸、母なみ（立原佐渡守綱重の娘）の次男として生まれた。

⑧塩冶掃部介の墓（荒法師）

塩冶掃部介は尼子経久が京極氏から追放を受けた後、富田城の目代として入城したが、文明十八年元旦、尼子経久の奇襲を受け、富田城内で討たれた。俗に荒法師とよばれ、昔からこの墓をみだりに荒らすと必ずたたりがあるといわれている。

⑨山中《さんちゅう》御殿（御殿平）

大手門をあがったところに三千平方メートルあまりの平地がある。ここを御殿平という。その昔、山中御殿といわれた建物のあったところで、上下二段にわかれている。富田城の最も重要な心臓部だった。

⑩尼子氏奥都城《おくつき》

尼子氏一族の墓所とされているところ。尼子一門で、新宮党の末裔にあたる久富二六氏が祖先の地新宮谷を訪れ、尼子時代の尼子の夢をこの碑に託し、昭和十六年（一九四一）この地に建立した。

⑪城安寺

広瀬藩松平氏菩提寺。臨済宗南禅寺派の禅刹。正和年間（一三一二〜一三一六）僧源翁の開基。脇立の多聞天、広目天はともに鎌倉時代の作で重要文化財に指定されている。また所蔵の富田城下町絵図、尼子十勇士絵巻は有名。

⑫松平直諒《なおあき》の墓（お墓山）

寛文六年（一六六六）、広瀬藩が創設され、その後広瀬藩松平氏は十代の藩主がつづいた。ほとんどの藩主が江戸住まいであったが、文久元年（一八六一）九代藩主松平直諒だけはたまたま帰藩中広瀬で没した。

⑬堀尾吉晴の墓

関ヶ原の戦功により雲隠二十四万石を領し、慶長五年（一六〇〇）に富田城主となったが、慶長十六年（一六一一）、城を松江に移した。同年六月十七日、六十九歳で亡くなり、遺言によって巌倉寺境内に帰葬された。

⑭花ノ壇

当時の侍所、郭を復元。

⑮巌倉寺

文治三年（一一八七）、高顕僧正によって現位置に移された。これは富田城築城と相前後するもので、おそらく城主の意思によって城内の祈願所とするとともに富田城外郭線の守りとしたものと思われる。

⑯山中鹿介幸盛の銅像

主君尼子義久が永禄九年（一五六六）十一月、毛利に敗れた後、尼子勝久を擁して富田城奪回、尼子再興を期して孤軍奮闘の活躍をしたが、天正六年（一五七八）七月十七日、夢ならず備中甲部川阿井の渡（岡山県高梁市）において毛利の家臣、河村新左衛門、福間彦右衛門によって討たれ、三十四年の生涯を終えた。この銅像は昭和五十三年（一九七八）鹿介没後四百年を記念して建立された。

⑰山中鹿介幸盛供養塔

巌倉寺堀尾吉晴の墓の左側に山中鹿介の供養塔がある。

⑱尼子晴久の墓

晴久は経久の孫にあたり、父政久が戦死した後、経久から家督を相続した。しかし毛利軍が出雲に侵入しようとした直前、永禄三年（一五六〇）十二月、城内で急死した。

⑲大手門跡

御子守口、菅谷口、塩谷口の合流したところ。ここが富田城の大手門跡といわれるところで、幅約十五メートル、高さ約四・五メートルの表門の存在をしのばせている。

⑳尼子興久の墓

経久の第三子。禄高の不足を父経久に訴え、これを聞き入れられなかったことから父にそむいたため、やがて父経久の手によって追放された。天文三年（一五三四）妻の実家にあたる備後甲山城主山内大和守直通方に身を寄せ、そこで切腹した。

㉑川中島一騎討ちの碑

昔は富田川の中洲があったところ。永禄八年（一五六五）尼子の勇将山中鹿介幸盛と毛利方益田越中守の家臣品川大膳（棫木狼介勝盛）とが一騎討ちを行い、鹿介が大膳の首をあげた場所といわれている。

㉒尼子経久の像

十六世紀前半、山陰・山陽二道にまたがる中国地方の覇者となった。富田城を望む飯梨川（富田川）の対岸に整備された三日月公園に平成十六年（二〇〇四）建立された。

㉓尼子清貞（定）・経久の墓（洞光寺）

洞光寺の開基は尼子清貞・経久父子とされる。両公の墓は本堂横、墓地中央正面に墓石が安置されている。左が経久の墓。

洞光寺

㉔伝・堀尾忠氏の墓

堀尾吉晴の次男。関ヶ原の戦後、出雲の富田に入部する。富田から松江に城地変更を決めたのち、慶長九年（一六〇四）急死し、この地に埋葬されたと伝わる。

㉕品川大膳の碑

富田城攻めで毛利方に加わった石見の武将。鹿介との一騎打ちで敗れ、この地に埋葬された。

㉖矢中《たて》の松

月山頂上にあった富田八幡宮を移すとき、月山から白羽の矢を空に放ち、松にささったところを新たな神社地に決定した。

㉗富田八幡宮

保元平治の頃（一一五六〜一一五九）平家の武将平景清が富田城築城にあたって月山にあった社を現在の八幡山に移したといわれている。参道は苔むした石畳が両脇の杉、欅の大樹に覆われ、森厳さを保っている。

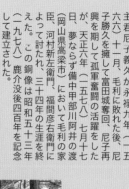

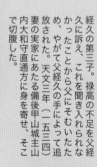

尼子関連書誌

山中鹿之介	笹川臨風・中央書院	大二
山中幸盛伝	山中幸五郎著刊	大六
山中鹿之介	大町桂月・興文社	大一一
月山夜話	並河　太・島根評論社	昭七
山中鹿介（幸盛）	谷口廻瀾編著・東京モナス	昭一二
尼子氏と富田城	並河栄四郎・島根タイムス社	昭一五
毛利元就	瀬川秀雄・創元社	昭一七
月山物語	音羽　融・月山読書会	昭二四
尼子物語	音羽　融・月山読書会	昭二六
人物島根県史（雪舟・鹿之介・阿国）	今井書店	昭三四
鹿介物語	音羽　融・木犀書店	昭三六
毛利元就	三坂圭治・人物往来社	昭四一
山中幸盛	岡田繁美・人物往来社	昭四二復刊
尼子時代史探訪	松本　興・安来タイムス社	昭四九
まぼろしの戦国城下町	桑原英二・広瀬町	昭四九
島根郷土史ノート	藤岡大拙・山陰中央新報社	昭五二
出雲富田城史	妹尾豊三郎・山中鹿介幸盛公顕彰会	昭五三
出雲尼子一族	米原正義・新人物往来社	昭五六
毛利輝元卿伝	マツノ書店	昭五七復刊
小早川隆景	マツノ書店	昭五五復刊
毛利元就卿伝	マツノ書店	昭五九復刊
安芸毛利一族	河合正治・新人物往来社	昭五九
吉川元春	瀬川秀雄・マツノ書店	昭六〇復刊
尼子盛衰人物記（広瀬町シリーズ13）		昭六〇
尼子氏一門のルーツ	横山正克・妹尾豊三郎・立花書院	昭六〇
毛利元就のすべて	河合正治編・新人物往来社	昭六一
山中鹿介のすべて	米原正義編・新人物往来社	平元
戦国武士と文芸の研究	米原正義編・おうふう	平六復刊
毛利元就	及川儀右衛門・マツノ書店	平八復刊
山陰の武将（尼子経久他）・続山陰の武将（立原源太兵衛他）	藤岡大拙・山陰中央新報社	平八復刊
山中鹿介紀行	藤岡大拙・山陰中央新報社	平八復刊
広瀬町シリーズ①〜⑩　①月山史跡物語・②月山富田城跡考・③尼子物語・④山中鹿介幸盛⑤尼子とその城下町・⑥新雲陽軍実記・⑦富田城年表・⑧雲藩遺聞⑨詩文に表れた月山と幸盛・⑩月山史談	妹尾豊三郎・ハーベスト出版	平八復刊
大日本古文書　―毛利家文書・吉川家文書・小早川家文書	東京大学史料編纂所編	明三四以後復刊
武将感状記	岡田繁美著・人物往来社	昭四二
萩藩閥閲録 全四冊	山口県文書館	昭四二〜四六
戦国期中国史料撰	マツノ書店	昭六二復刊

戦国期毛利史料撰	マツノ書店	昭六二復刊
安西軍策	マツノ書店	平一二
因幡民談記	名著出版	昭四七（因伯叢書）
陰徳記	マツノ書店	平八刊
正徳二年板本　陰徳太平記	東洋書院	昭五五〜五九
雲陽軍実記	島根郷土史料刊行会	昭四八
尼子毛利合戦雲陽軍実記	新人物往来社	昭五三
吉田物語	防長史料出版社	昭五三復刊
雲州軍話（『改定史籍集覧』一五）		明三五
後太平記（『続帝国文庫』一五）		明四三
懐橘談（『続群書類従』九）		明三九
和訳出雲私史	島根郷土史料刊行会	昭四七復刊
甫庵太閤記（岩波文庫）		昭五九復刊
武功夜話	新人物往来社	昭六二
島根県史 七・八	島根県	昭四七
新修島根県史 通史編一・資料編一		昭四三
広瀬町史	広瀬町	昭四三
中国地方戦国軍記集	歴史図書社	昭五五
日本城郭大系 第一三・一四	新人物往来社	昭五五
芸藩通志	芸藩通志刊行会	昭三八復刊
広島県史 古代・中世資料編一		昭五一〜五五
山口県史料 中世編・上	山口県文書館	昭五四
山中鹿ノ介	中山義秀・徳間文庫	昭六三
三日月の影	太田忠久・ハーベスト出版	平三
出雲尼子史料集 上・下	広瀬町　二〇〇三	平一五
戦国大名尼子氏の研究	長谷川博史著・吉川弘文館	平一二
戦国大名尼子氏の伝えた古文書	―佐々木文書　島根県古代文化センター編	平一一
上月城物語	竹本春一・佐用郡歴史研究会	昭五六
尼子氏と戦国時代の鳥取	鳥取県	平二二
戦国大名尼子氏の興亡	島根県立古代出雲歴史博物館	平二四
出雲学への軌跡	藤岡大拙・今井書店	平二五
鳥取尼子氏小伝	尼子勝久・鳥取尼子氏小伝出版会	平二五
尼子氏の特質と興亡史に関わる比較研究	島根県古代文化センター	平二五
新鳥取県史 資料編 古代中世一	鳥取県	平二七
山中鹿之助	松本清張・小学館	平二七
月に捧ぐは清き酒	小前亮・文春文庫	平二八
尼子氏関連武将事典	島根県広瀬町観光協会編・ハーベスト出版	平二九
山中鹿介	藤岡大拙・ハーベスト出版	平二九
山中鹿介幸盛　山中鹿介ハンドブック	藤岡大拙・ハーベスト出版	令二

JAPAN HERITAGE
日本遺産

出雲國 たたら風土記
THE TATARA FUDOKI OF IZUMO PROVINCE

9784864564861

1920021008009

ISBN978-4-86456-486-1
C0021 ¥800E
定価 本体800円 +税
ハーベスト出版

増補改訂版
月山富田城 尼子物語
尼子ハンドブック

2023年10月20日発行

著者 藤岡 大拙
発行 安来市観光協会
〒692-0011島根県安来市安来町2093-3
TEL 0854-23-7667 FAX 0854-23-7654
制作 ハーベスト出版
印刷 株式会社谷口印刷